선생님,
노동법이
뭐예요?

선생님, 노동법이 뭐예요?
제1판 제1쇄 발행일 2023년 1월 15일
제1판 제2쇄 발행일 2023년 10월 3일

기획 | 책도둑(김민호, 박정훈, 박정식)
글 | 이수정
그림 | 홍윤표
디자인 | 이안디자인
펴낸이 | 김은지
펴낸곳 | 철수와영희
주소 | 서울시 마포구 월드컵로 65, 302호(망원동, 양경회관)
전화 | 02-332-0815
전송 | 02-6003-1958
전자우편 | chulsu815@hanmail.net
등록 | 제319-2005-42호
ISBN 979-11-88215-81-2 73360

ⓒ 이수정, 홍윤표 2023

* 이 책에 실린 내용 일부나 전부를 다른 곳에 쓰려면 반드시 저작권자와 철수와영희 모두한테서 동의를 받아야 합니다.
* 잘못된 책은 출판사나 처음 산 곳에서 바꾸어 줍니다.
* 철수와영희 출판사는 '어린이' 철수와 영희, '어른' 철수와 영희에게 도움 되는 책을 펴내기 위해 노력합니다.

어린이제품 안전특별법에 의한 기타 표시사항
제품명 도서 | **제조자명** 철수와영희 | **제조국명** 한국 | **전화번호** (02)332-0815 | **제조연월** 2023년 10월 | **사용연령** 8세 이상
주소 04018 서울시 마포구 월드컵로 65, 302호(망원동, 양경회관)
주의사항 종이에 베이거나 긁히지 않도록 조심하세요. 책 모서리가 날카로우니 던지거나 떨어뜨리지 마세요.

선생님, 노동법이 뭐예요?

글 이수정 | 그림 홍윤표

서로 존중하며 일하는 세상을 위해 알아야 할 이야기

철수와영희

[머리말]

어린이가 노동법을 왜 알아야 하나요?

여러분은 어떤 일을 하며 살고 싶으세요?

운동선수, 유튜버, 조리사, 교사, 경찰, 웹툰 작가 등등 하고 싶은 일이 많을 거예요. 이렇게 직업을 갖고 일하는 사람을 노동자라 불러요. 하는 일은 달라도 일한 대가로 돈을 받으면 노동자라고 하거든요. 같은 직업이어도 사장이 될 수도, 노동자가 될 수도 있어요. 조리사가 자기 음식점을 차리면 사장이고, 다른 사람이 운영하는 음식점에 고용되어 일하면 노동자니까요.

이 책에서 소개하는 노동법은 여러분이 사장이 되든 노동자가 되든 잘 알아야 하는 법이에요. 노동법은 노동자의 권리를 보장하기 위해 학교, 병원, 식당, 방송국, 건설 현장 등 모든 일터에서 지켜야 할 내용을 담고 있거든요. 노동법을 지킬 의무가 있는 사장, 권리를 누려야 하는 노동자 모두 알아야 잘 지킬 수 있어요.

여러분이 유튜버로 활동할 때 도움이 되는 노동법은 어떤 걸까요? 덥고 추운 곳이나 높은 곳에서 일하는 노동자를 안전하게 지키는 법이 있을까요? 막말과 폭력, 괴롭힘 없는 일터를 만드는 법은 어떻게 만들어졌을까요? 어린이나 장애인을 보살피는 돌봄 노동자와 앱에서 음식이나 일감을 받아 배달하는 플랫폼 노동자 등 일하는 사람 모두를 위한 노동법은 어때야 할까요?

이런 질문을 통해 노동법에 어떤 내용이 있는지 알아볼 거예요. 노동법마다 어떤 걸 중요하게 생각하며 만들고 고쳤는지도 살필 거예요. 예를 들어, 최저 임금액이 얼마인지 알려 주기보다 「최저임금법」을 만든 이유와 의미를 먼저 살피는 것이죠. 지금의 법만으로 충분한지, 바꿀 부분이 있다면 어떻게 바꿔야 할지도 함께 생각하고요.

또, 여러분의 행복을 위해 지금 당장 누려야 할 권리와 노동법에서 보장하는 권리가 어떻게 연결되어 있는지도 살필 거예요. 어린이의 놀 권리와 노동자의 쉴 권리는 닮았거든요.

바람이 있다면 노동법을 아는 것에서 그치지 않고 서로 존중하며 일하는 세상을 위해 할 수 있는 일을 찾고 실천하는 거예요. 여러분이 어떤 일을 하며 살든 그 일터는 차별과 폭력 없는 평등하고 안전한 곳이어야 하니까요.

이수정 드림

머리말 어린이가 노동법을 왜 알아야 하나요? 4

1.
나와 우리를 연결하는 노동법

1. 노동법이 뭐예요? 12
2. 노동법을 왜 알아야 해요? 15
3. 노동법은 언제 생겼어요? 18
4. 나라마다 노동법이 다른가요? 21
5. 국제인권법과 노동법은 어떤 관계가 있나요? 25
6. 헌법과 노동법은 어떻게 다른가요? 28

2.
일하는 어린이를 위한 법

7. 어린이 노동법이 따로 있나요? 34
8. 일할 수 있는 나이를 정한 법이 있나요? 37
9. 어린이 유튜버를 위한 법이 있나요? 40
10. 어린이가 밤을 새워 촬영해도 괜찮나요? 43
11. '샤프롱 제도'가 뭐예요? 46

3. 일하는 사람을 존중하는 법

12. 일을 구할 때 어떤 걸 살펴야 하나요? **52**
13. 최저임금법이 뭐예요? **55**
14. 임금 차별이 뭐예요? **58**
15. 일하는 시간이 정해져 있나요? **61**
16. '쉴 권리'를 보장한 법이 있나요? **64**
17. 일터 괴롭힘이 뭐예요? **67**
18. 감정노동자 보호법이 있어요? **70**
19. 갑자기 일을 그만두라고 하면 어떻게 하나요? **73**

건강하고 안전한 일터를 가꾸는 법

- 20. 어떤 것이 해로운지 미리 알 수 있나요? **78**
- 21. 일하다가 위험하다고 생각될 땐 어떻게 하나요? **81**
- 22. 아프거나 다친 사람을 보호하는 법이 있나요? **84**
- 23. 화장실 만드는 것도 법으로 정하나요? **87**
- 24. 덥거나 추운 곳에서 일하는 사람을 위한 법이 있나요? **90**
- 25. 노동자 참여권이 뭐죠? **93**
- 26. 중대재해처벌법은 어떤 법인가요? **96**

5. 일하는 사람 모두를 위한 법

27. 사회보장제도가 뭐예요? **102**
28. 비정규직 노동자를 위한 법이 있나요? **105**
29. 가사노동자법은 왜 따로 만들었어요? **108**
30. 이주노동자는 원하는 곳에서 일할 수 없나요? **111**
31. 장애인 노동자에게는 왜 최저임금법을 안 지키나요? **114**
32. 플랫폼 노동자의 사장은 누구예요? **118**

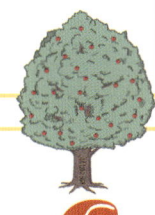

6. 세상을 가꾸고 바꾸는 법

33. 노동자를 위한 법은 누가 만들고 고치나요? **124**
34. 시민의 힘으로 만든 노동법이 있나요? **127**
35. 노동법을 잘 지키도록 살피는 사람은 누구인가요? **130**
36. 권리를 침해당했을 때 누구와 함께하면 좋을까요? **133**

1. 나와 우리를 연결하는 노동법

1. 노동법이 뭐예요?

노동법은 일하는 사람을 위한 법이에요. 내 주위를 둘러보면 가족뿐 아니라 많은 사람의 수고로 하루가 채워진다는 걸 알 수 있어요. 밤새 내 몸을 포근하게 감싸 주는 이불과 옷을 만든 사람, 떡볶이와 아이스크림을 만드는 사람, 깨끗하게 거리 청소를 하는 사람 등 생각나는 사람이 많이 있죠? 이처럼 우리에게 필요한 물건을 만들고 서비스를 제공해 주는 사람들 덕에 행복한 삶을 꿈꿀 수 있는 것 같아요.

노동법은 일을 구할 때, 일할 때, 일을 그만둘 때와 관련이 있는 법을 아우르는 말이라고 생각하면 돼요. 여러 종류의 노동법이 있는 거죠. 국내법뿐 아니라 국제법도 있고요.

중요한 건 어떤 노동법이든 일하는 사람을 위한 법이어야 한다는 점이에요. 그리고 일부만 누리는 특권이 아니라 일하는 사람 모두가 골고루 누릴 수 있어야 해요. 그러기 위해서는 자기가 잘하고, 하고 싶은 일을 구할 수 있도록 돕는 법이어야 하죠. 또 안전한 환경에서 존중받으며 일할 수 있도록 정해야 하고요. 무엇보다 일해서 번 돈으로 생계를 꾸리는 데 부족함이 없도록 만들어야 할 거예요. 휴식이 필요할 때 일자리와 돈 걱정 없이 쉴 수 있는 법과 제도도 필요하고요.

이런 역할을 하는 노동법에는 일을 구할 때 차별받지 않아야 한다는 내용을 정한 법「남녀고용평등법」, 「직업안정법」 등이 있어요. 일하는 동안 누구나 누려야 할 권리를 정한 법「근로기준법」, 「최저임금법」 등이 있고요. 건강하고 안전하게 일할 수 있는 환경을 만들기 위한 법「산업안전보건법」, 「직장 내 괴롭힘 금지법」 등도 있고, 다치거나 병들었을 때 보살피기 위한 법「산업재해보상보험법」, 「중대재해처벌법」 등이 있어요. 일을 쉴 때 돈 걱정 없이 쉬면서 다른 일을 알아볼 수 있도록 돕는 법「고용보험법」, 법에 정해 놓은 것뿐 아니라 일하는 사람들이 더 나은 환경을 만들기 위해 모임을 만들고 행동할 수 있도록 돕는 법「노동조합 및 노동관계조정법」도 있어요. 이것 말고도 일하는 환경과 사람들의 생각이 바뀌면서 생기거나 사라진 노동법이 아주 많아요.

노동법은 60여 년 전에 만들어진 것도 있고 최근에 막 만들어진 것도 있어요. 어떤 이유로 오래전부터 이렇게 많은 법을 만들었을까요? 그 법에는 일하는 사람을 위해 어떤 내용을 담고 있을까요?

2. 노동법을 왜 알아야 해요?

 노동법은 일하는 사람을 위한 법인데 우리가 알아야 할 이유가 있나요? 나중에 일하게 되면 그때 알아도 되지 않을까요? 물론 그래도 괜찮아요. 하지만 조금만 생각해 보면 노동법이 결코 나의 삶과 무관하지 않다는 걸 알게 될 거예요. 주위를 둘러보면 우리가 생활하는 공간 어디든 일하는 사람이 있잖아요. 일하는 사람을 존중하고, 일하는 사람이 행복한 일터를 만드는 것이 우리가 함께 행복하게 사는 지름길이죠. 그 지름길에 다다르는 방법의 하나가 노동법을 이해하는 것이에요. 노동법은 일하는 사람을 존중하는 법, 일하는 사람이 행복한 일터를 만드는 법을 담고 있으니까요.

 또 여러분이 지금 하는 활동과도 연관이 있어요. 여러분이 관심을 두고 참여하는 진로 활동이나 학습 활동이 일과 관련이 있거든요. 유튜버나 연예인으로 일하는 어린이가 있다면, 전단지 돌리는 아르바이트를 해 본 적이 있다면, 연관성이 무척 높아지죠.

 법은 이해하기 어려운 말로 쓴 조항으로 가득하고 딱딱하지 않냐

고요? 법 조항만 살펴본다면 그럴지도 몰라요. 여러분이 이해하기 쉬운 말로 바꾼다고 해도 당장 필요하지 않다고 생각할 수도 있고요. 노동법을 살피는 이유를 이렇게 생각해 보면 어떨까요? 법 조항 하나하나를 익히기보다 그 조항에 담겨 있는 역사와 생각을 알아가는 것에 의미를 두는 것이죠. 또 법에 정한 권리들이 나의 생활과 어떻게 연결되어 있는지를 탐구해 보는 거예요.

예를 들어 일터에서 괴롭힘을 금지하는 법을 살피는 동안 이 법이 생긴 이유, 일하는 사람의 행복을 위해선 폭력에서 자유롭고 안전한 환경이 중요하다는 사실 등을 발견하게 될 거예요. 이는 일하는 사람만을 위한 권리가 아니라는 생각도 할 수 있을 거예요. 괴롭힘과 폭력이 없어야 학교에서 친구들과 더 안전하고 건강하게 생활할 수 있기 때문이죠.

이렇게 노동법을 살피다 보면 어디에서나 보장되어야 할 보편적인 권리를 발견하고 이해할 수 있어요. 일터의 노동자와 학교의 학생 등 장소와 사회적 신분은 다르지만 안전하고 건강하게 생활할 권리가 보장되어야 한다는 건 다르지 않으니까요.

우리는 많은 시간을 일하며 살아요. 그중 소득이 생기는 일을 많이 하겠죠. 누군가에게 돈을 받고 일할 때 내가 반드시 보장받아야 할 권리를 아는 것은 무척 중요해요. 반대로 내가 누군가에게 돈을 주고 일을 시킬 때도 그 사람의 노동을 존중하기 위해 꼭 지켜야 할 것이 있다는 걸 알아야 하고요.

노동법을 알아 간다면 나와 우리가 평등하게 일하기 위해 보장받고 누려야 할 권리에 대해 알 수 있을 거예요. 더불어 내가 하는 공부와 활동, 세상살이에 대한 이해가 더 깊어질 거라고 생각해요.

3. 노동법은 언제 생겼어요?

　한국의 노동법은 1953년 한국전쟁 중 임시 수도인 부산에서 태어났어요. 1948년 국내법의 토대인 「헌법」이 만들어졌는데 이때 노동법을 따로 만들어야 한다고 정했거든요. 노동법은 어수선한 전쟁통에 태어나 제대로 주목받지는 못했어요. 그리고 그 이후에도 한동안 노동법이 있는지조차 모르는 사람이 많았죠.

　당시 만들어진 노동법은 「노동조합법」, 「노동쟁의조정법」, 「노동위원회법」, 「근로기준법」이에요. 이 네 가지 노동법은 노동자가 더 나은 환경에서 일하기 위한 조건을 만들기 위해 모이고 행동할 권리를 중심으로 만들어졌어요. 노동자 개인별로 꼭 보장해야 하는 법도 포함하고 있고요. 이렇게 노동법을 모아서 외치고 행동할 권리를 중심으로 만든 이유가 뭘까요?

일터에서 일어나는 변화를 가장 잘 아는 사람은 그 일을 하는 노동자예요. 법으로 하나하나 보장할 수 없는 것이 생기더라도 그 일터의 특성에 맞는 것들을 찾아내 바꿀 수 있죠. 그런데 찾아내고 바꾸는 과정에 나설 때 모이는 것을 막고, 집단행동을 할 때 불이익이 있다면 목소리를 내기 어렵겠죠. 일하는 사람 누구든 자신들의 안전과 건강을 위해 두려움 없이 목소리를 낼 수 있도록 법으로 보장할 필요가 있어요.

또, 법은 고정된 것이 아니라 사회와 환경의 변화에 따라 생겨났다 사라지기도 하고, 모양이 바뀌기도 해요. 현실의 변화를 따라가지 못하고 옛 모습만을 고집하는 법은 무용지물이 되기 쉬워요. 법을 만든 의도와는 달리 그 법이 필요한 사람들에게 아무 도움이 되지 못하게 되죠. 이런 상태를 법의 사각지대라고 해요. 필요한 법을 빨리 만들고 고치면 되겠지만 그러지 못할 때가 많아요. 사각지대를 없애는 가장 좋은 방법은 노동조합이나 노동자 단체의 집단적인 힘을 보장하는 것이에요. 법이 바뀌기 전이라도 그 일터에서 일하는 노동자를 위한 것들을 찾아 바꿀 수 있기 때문이죠.

그런데 아쉽게도 노동법은 꽤 오랫동안 그저 장식품처럼 자리만

차지하고 있었어요. 일하는 사람을 위한 법인데 일하는 사람을 위해 살아 움직이지 못했죠. 많은 노동자가 하루 14시간 넘게 일하다 병을 얻고, 위험한 기계에 다치거나 심지어 죽어 가는 동안에도 아무 힘을 쓰지 못했어요.

1953년 태어난 「근로기준법」이 알려지기 시작한 건 1970년 전태일이 '근로기준법을 준수하라' 외치며 법전과 함께 산화한 이후예요. 일터에 노동조합이 만들어지고, 일하는 사람에게 피부로 와닿는 법이 된 건 1987년 민주화 항쟁이 일어난 이후고요. 많은 사람의 희생으로 「헌법」과 노동법이 고쳐지고 우리 사회 곳곳에 민주주의가 자라기 시작했죠. 이런 변화가 있기 전까지는 노동법인데도 정작 일하는 사람에게 큰 힘이 되지 못했어요.

어떤 법이 우리 삶에 기여하기 위해서는 법을 만들어 놓는 것만으로는 부족해요. 꾸준히 관심을 가지고 잘 살피면서 부족한 부분은 보완하고 고쳐야 해요. 무엇보다 법을 지킬 의무가 있는 사람은 꼭 지켜야 하고, 정부는 관리 감독을 잘해야 하고요.

네 가지 노동법이 생긴 이후 사회의 변화에 따라 수많은 노동법이 생겨났다 사라지고 있어요. 어떤 노동법을 새로 만들고 고치고, 또 어떤 노동법은 사라지더라도 잊지 말아야 할 것은 일하는 사람의 행복할 권리를 가장 중심에 두고 생각해야 한다는 점이에요.

21. 나라마다 노동법이 다른가요?

나라마다 일궈 온 문화가 다른 것처럼 노동법도 달라요. 만들어진 시기나 내용이 조금씩 다르죠. 예를 들어 한국의 노동법은 1953년에 생겼고, 영국은 1833년부터 노동법을 만들었어요. 한국은 18세를 기준으로 일하는 시간을 다르게 정했는데, 독일은 나이 기준을 13세, 15세, 18세 등 여러 개로 정해 나이마다 특별히 살펴야 할 것을 촘촘하게 정했죠.

하지만 노동법으로 지키고 싶은 건 모든 나라가 비슷하다고 할 수 있어요. 바로 타인의 노동에 대해 존중하는 마음과 일하는 사람 누구든 차별 없이 안전하고 건강하게 일할 수 있는 환경 같은 것들이죠. 영국에서 노동법을 처음 만들었을 때로 거슬러 가 보면 잘 알 수 있어요.

영국이 노동법을 만든 배경에는 산업혁명을 거치며 새롭게 등장한 임금 노동자가 있어요. 임금 노동자는 자기 노동력을 제공하는 대가로 임금을 받아 생활하는 노동자를 말해요. 이런 임금 노동자의 건강을 보호하기 위해 노동법을 만들었죠. 산업혁명으로 석탄을 캐고, 실과 옷감을 만드는 커다란 공장이 많이 생겼어요. 공장주들은 공장을 만드는 데 돈을 많이 썼기 때문에 24시간 공장을 돌려서 쉼 없이 물건을 만들고 싶어 했죠. 잠시라도 기계를 멈추면 손해라는 생각에서요.

공장이 24시간 돌아가려면 그만큼 일할 사람이 많이 필요했어요. 공장주들은 임금을 적게 주려고 심지어 4세 어린이에게도 일을 시켰어요. 공장 노동자들은 석탄 가루가 날리고 실밥과 먼지가 뒹구는 공간에서 하루 19시간씩 일을 했다고 해요. 이런 환경에서 오래 일한 사람들은 병을 얻거나 일찍 죽었고요. 그 당시 공장주처럼 재산이 많은 사람의 평균 수명은 35세였는데 공장에서 일한 노동자의 평균 수명은 15세에 불과했다는 보고도 있어요. 말을 배울 무렵부터 고된 노동에 시달리다 일찍 죽는 일이 문명사회에서 일어난 거예요.

이런 상황에서도 공장주들은 '내 공장 가지고 내 맘대로 일 시키는 게 뭐가 문제냐'며 노동법 같은 건 필요없다고 했어요. 하지만 시간이 지나면서 죽어서 떠나거나 열악한 노동 환경을 견디지 못해 차라리 부랑자로 살겠다고 떠나는 사람이 생겼어요. 일할 사람이 부족해지고서야 공장주들의 생각이 조금씩 달라졌어요. 일할 사람을 뽑으려면 그들의 건강과 안전을 생각하지 않을 수 없었어요. 노동법을 만드는 데 동의할 수밖에 없었죠. 이렇게 영국에서 처음 노동법이 만

들어진 과정에는 어두운 면이 숨어 있어요. 겉으로는 임금 노동자를 보호하기 위해서라고 포장했지만 사실은 일을 계속 시키려면 일할 사람이 죽거나 다치면 안 됐던 거죠.

영국의 노동법은 12세 미만의 어린이에게 강제로 일 시키는 것을 금지하고 일하는 시간도 하루 12시간을 넘기지 말아야 한다는 내용을 시작으로 살을 붙여 나갔어요. 한국에서 노동법을 처음 만들 때도 다른 나라의 노동법을 참고했어요. 현재도 각 나라들은 새로 법을 추가하거나 개정할 때 서로 영향을 주고받고 있고요.

　베트남은 노동법전, 일본은 노동기준법, 미국은 공정노동기준법 등 이름은 달라도 각 나라에 맞는 노동법을 만들거나 고쳐 쓸 때 중요하게 지켜야 할 원칙이 있어요. 노동법은 사람을 하인 부리듯 하지 않고 존중하는 마음을 담아야 하고, 돈보다 일하는 사람의 생명과 안전을 지킬 방법을 최우선으로 하며, 잘잘못을 따져야 할 때는 일하는 사람의 권리를 가장 앞에 두어야 한다는 것이에요. 노동법이 처음 만들어진 때부터 노동자의 삶을 보호하는 데 필요한 나침반 같은 역할을 한 원칙이니 꼭 기억하면 좋겠어요.

5. 국제인권법과 노동법은 어떤 관계가 있나요?

국제인권법은 인간의 존엄성을 지키기 위해 여러 나라가 함께 정한 약속규약, 협약, 선언 등이에요. 각자의 나라에서 혹은 이주한 곳에서 평화롭고 자유롭게 살기 위해 정한 것이죠. 따라서 국제인권법은 나라마다 법을 정할 때 길잡이 역할을 해요. 또 어떤 것은 국회의 비준 같은 일정한 절차를 거친 후 국내법처럼 통하고요. 한국의 노동법도

국제인권법에서 정한 원칙을 따르고 있어요.

국제인권법에는 세계 인권 선언1948을 비롯해 자유권 규약시민적·정치적 권리에 관한 국제 규약, 1966, 사회권 규약경제적·사회적·문화적 권리에 관한 국제 규약, 1966, 아동 권리 협약1989, 국제노동기구International Labour Organization, ILO 협약(ILO 협약) 등이 있어요. ILO 협약은 노동법과 관련한 대표적인 국제인권법이에요. ILO에 가입한 나라들이 모여 만들어요. ILO는 1919년에 탄생했고, 한국은 1991년 152번째 회원국이 됐어요. 회원국이 되면 국제인권법을 더 잘 지킬 의무가 있어요. 어떤 것들을 지켜야 하는지 알아볼까요?

ILO 제1호 협약은 하루 노동 시간을 최대 8시간으로 제한하자고 정했어요. 산업화가 빠르게 진행되면서 밤늦게까지 일하는 사람이 많아졌거든요. 새벽부터 밤늦게까지 일하는 사람의 건강과 안전을 위해 제일 먼저 할 일은 일하는 시간을 줄이는 것이었어요. 공장을 쉬지 않고 돌리는 나라에서는 12시간 이상 일하는 게 부지기수였죠.

사람이 정말 기계처럼 일만 하면 어떻게 될까요? 몸이 상하는 건 물론 정신건강에도 해로워요. 가족이나 친구, 이웃과 얼굴을 마주할 시간도 없어 외롭게 지내게 될 거예요. 여가를 즐길 시간 자체가 없고 많은 걸 포기해야 하죠. 그래서 일하는 시간을 줄여 나가는 게 제일 중요하다고 정했어요. 이런 이유로 한국의 노동법에도 하루 일하는 시간은 8시간을 넘지 않아야 한다고 정하고 있어요.

국제 기준으로 정한 후엔 잘 지키는 것이 중요해요. 약속해 놓고 잊어버리거나 어기는 나라가 없도록 ILO에서 점검하고 지키자고 요구하죠. 해마다 각 나라의 노동 시간이 어느 정도인지 조사해 발표하고, 약속을 심각하게 위반하는 나라에는 경고도 해요. 안타깝게도 한국은 법에 정한 대로 일하는 시간을 줄이지 못해 해마다 경고를 받고 있어요.

ILO는 노동 시간뿐 아니라 강제 노동 금지제29호, 1930, 결사의 자유 및 단결권 보호제87호, 1948, 가혹한 형태의 아동 노동 착취 금지제182호, 1999, 일터의 폭력과 괴롭힘 금지제190호, 2019 협약 등을 만들어 지키고 있어요. 앞으로도 사회의 변화에 따라 좀 더 살펴야 할 내용을 계속 협약으로 만들어 갈 거예요.

중요한 시기에는 선언을 통해 나라마다 잘 실천하고 있는지 돌아볼 기회로 삼아요. 제2차 세계 대전이 끝나 갈 무렵인 1944년 미국 필라델피아에서 "노동은 상품이 아니다"라고 선언한 일이 대표적 사례예요. 전쟁 후 복구 작업이 급하더라도 노동에 대한 존중을 잊지 말자고 다짐했죠. 사람을 물건 취급하며 이룬 성장은 의미가 없으니까요.

국제 인권 기준을 세우고 나라마다 이에 맞춰 노동법을 고쳐 가는 것, 또 새로운 상상력을 통해 국제 인권 기준을 세우자고 요구하는 것도 중요해요. 세계의 어느 곳이든 갈 수 있는 우리는 어느 나라에서 일하든 차별 없이 존중받아야 하니까요.

6. 헌법과 노동법은 어떻게 다른가요?

「헌법」이 커다란 나무라면 노동법은 그 나무에서 뻗어 나온 줄기라고 할 수 있어요. 「헌법」이라는 큰 나무에서 많은 가지가 뻗어 자라는데 그중에 노동법이 있는 것이죠. 「근로기준법」과 「최저임금법」, 「노동조합법」처럼 굵직하고 큰 가지가 있고, 때론 그 가지에서 또 다른 가지가 자라 여러 종류의 노동법이 만들어지기도 해요. 따라서 「헌법」이라는 나무가 어떤 토양에서 어떻게 자라느냐에 따라 노동법의 영양 상태가 달라져요.

「헌법」에는 일하는 사람의 행복한 삶을 위한 기본적인 권리를 정해요. 일하는 사람에게 두루두루 차별 없이 보장되어야 할 행복 추구권, 평등권, 노동기본권, 생명 안전권 등을 정했죠. 이를 바탕으로 각각의 노동법을 만들었어요.

「최저임금법」을 예로 들어 볼까요? 「헌법」에는 국가가 일하는 사람에게 적정한 임금을 보장하고 이를 위한 제도를 만들어야 한다는 내용을 정했어요. 일하는 사람에게 필요한 기본권 중 중요한 것은 누

구나 예외 없이 생활에 필요한 만큼의 소득을 보장받는 것이기 때문이죠.

　국가가 어떻게 적정한 임금을 보장할 것인지는 「헌법」에서는 하나하나 나열하지 않아요. 한 줄의 문장으로 남겨 놓고, 이를 「최저임금법」이라는 31개의 조항을 만들어 구체적으로 정하는 것이죠. 그래서 「최저임금법」은 「헌법」에서 보장하는 내용을 정하기 위해 만들어졌다는 이야기로 시작해요. 그리고 이 법이 어떤 사람에게 영향을 미치는지, 해마다 달라지는 최저 임금 수준을 어떤 방법으로 누가 정할지 등을 여러 조항에 나눠 정해 놓았어요. 이 법을 지켜야 할 사람과 법을 지키지 않았을 때 어떤 처벌을 받는지도 정하고요.

　　근로 조건의 기준은 인간의 존엄성을 보장하도록 법률로 정한다.
　__「헌법」 제32조 제3항

　많이 알려진 노동법인 「근로기준법」도 「헌법」에는 이처럼 '노동 조건의 기준은 인간의 존엄성을 보장하도록 법률로 정한다'라고 한 줄만 있어요. 이 한 줄에서 출발해 노동자의 권리를 촘촘하게 보장할 수 있도록 100개가 넘는 조항의 「근로기준법」을 만든 것이죠.
　국가가 일하는 사람을 위해 보장해야 할 기본권에 대해 「헌법」은 크게 세 가지로 정해 놓았어요. 첫 번째는 임금, 노동 시간, 휴가, 안전 등 개인과 사장사업주과의 관계에서 보장해야 할 것, 노동기본권이에요. 원하는 일을 얻고, 적정한 임금을 보장받으며 안전하고 건강한 환경에서 일할 권리 등을 떠올려 볼 수 있어요.

두 번째는 노동조합 혹은 노동자 단체라는 집단과 사장회사, 사업주, 경영자 등과의 관계에서 보장해야 할 것, 노동 3권이에요. 노동자가 인간답게 살 권리를 위해 모이고단결권, 회사와 협상하고단체교섭권, 파업과 같은 집단행동을 할 수 있는 권리단체행동권 등을 말하죠.

마지막으로 이러한 관계를 포함해 일하지 못할 때도 보장해야 할 것, 생활 보장권이 있어요. 다른 일을 구할 때 생활이 어렵지 않도록 소득을 보장하고, 직업을 얻는 데 필요한 교육을 받을 수 있는 권리 등이에요.

이제 노동법에 대해 좀 더 구체적인 이야기를 시작해 볼까요?

2.
일하는 어린이를 위한 법

어린이 노동법이 따로 있나요?

한국에는 어린이 노동법이 따로 있지 않아요. 하지만 따로 있지 않다고 없는 게 아니에요. 이 책에서 다루는 모든 노동법에 어린이를 위한 노동법이 들어 있거든요.

연소자의 근로는 특별한 보호를 받는다. __「헌법」제32조 제5항

「헌법」제32조에는 어린이 노동을 특별하게 보호해야 한다고 쾅쾅 못 박았고, 여러 법에 어린이 노동을 보호하기 위해 해야 할 일을 콕콕 심어 놓았어요. 예를 들어 「근로기준법」과 「청소년 보호법」에는 해로운 물질을 다루는 곳에서는 어린이에게 일을 시키면 안 된다고 정했어요. 「근로기준법」과 「대중문화예술산업발전법」에는 어린이가 잠을 자야 할 시간에 일을 시키면 안 된다는 내용을 정해 놓았죠. 또, 학생이라면 일하는 중에도 학습권을 보장받을 수 있도록 학교 수업을 모두 마친 후에 일을 시켜야 한다는 내용을 정한 법도 있어

요. 어린이를 보호하는 내용이 여러 법에 흩어져 있어 한눈에 알기 어렵지만, 여러분을 위한 노동법이 있다는 것만은 기억했으면 해요.

　어린이 노동법이 따로 있는 나라도 있어요. 독일의 경우 '청소년 노동 보호법'이 있어요. 어린이와 청소년이 일할 때 보장받아야 할 내용을 나이에 따라 구분해서 정해 놓았어요. 소득을 얻는 노동뿐 아니라 학교에서 하는 실습, 봉사 활동, 진로 활동 중 일어나는 일을 포함하고 있어요. 어린이의 안전을 위해 지켜야 할 일도 아주 구체적으로 정했어요. 예를 들어, 항상 무거운 물건을 들어야 하는 일을 한다면 한 번에 드는 무게가 7.5킬로그램를 넘으면 안 된다고 정했어요. 조금 두꺼운 동화책 10권 이상의 무게는 안 된다는 의미죠. 가끔 들어야 할 때에도 10킬로그램이 넘는 물건을 들게 해서는 안 된다고 정했어요. 무거운 물건을 계속 들면 어깨와 허리, 무릎, 팔 등이 아프고, 어린이의 신체 성장을 방해할 수 있거든요. 무게를 감당하지 못해 물건을 떨어뜨려서 발등을 다치거나 넘어져 다치는 경우도 생기고요.

미국 캘리포니아주에는 '어린이 노동법'이 있어요. 캘리포니아주는 대중문화예술과 농업 관련한 일이 많대요. 그래서 이 분야에서 일하는 어린이를 위해 특별하게 정한 법이 있어요. 예를 들어 12세가 안 된 어린이가 과일을 수확하는 일에 참여한다면 농업 기계를 다루거나 이동하는 것을 시키면 안 돼요. 집에서 짓는 농사일을 돕는다면 의무 사항은 아니에요. 하지만 농사에 참여하는 어린이를 보호하기 위해 어떤 것을 지켜야 하는지 관련 법을 참고할 수 있죠.

한국에는 어린이 노동법이 없어도 모든 노동법에 어린이 노동을 특별하게 보호해야 한다고 정해져 있어요. 여러분이 어떤 일을 하든 생명을 지키며 안전하게 일할 권리, 행복을 추구할 권리, 원하는 활동과 학습을 할 권리 등을 두루두루 살피는 일이 중요하니까요.

8. 일할 수 있는 나이를 정한 법이 있나요?

집에서 농사를 지어 자급자족하던 시절에는 온 식구가 해 뜨면 일하고 해 지면 일을 마치는 삶을 살았어요. 성별이나 나이에 따라 하는 일이 구분되기는 했지만 일할 수 있는 나이를 따로 정하지는 않았지요. 산업혁명기처럼 4세 때부터 공장에서 혹사당하는 어린이가 없도록 보호하려면 기준이 필요했어요. 엄밀히 말하면 '일할 수 있는 나이'라는 표현보다는 '고용할 수 있는 나이'라는 표현이 정확해요. 다른 사람을 고용하는 사람에게는 반드시 지켜야 할 의무가 생기기 때문에 나이의 기준이 중요해졌어요.

한국에서 일하는 기준이 되는 나이를 정한 것은 약 100년 전이에요. 어린이날을 처음 만든 소파 방정환 선생님이 정했어요. '어린이'라는 호칭도, 노동법도 없던 시기죠.

방정환 선생님은 14세가 안 된 어린이의 노동이 착취당하는 현실을 안타깝게 생각했어요. 교육의 혜택을 누리는 어린이는 얼마 안 되고 어른이 시키는 온갖 가사 노동과 농사일에 시달리는 어린이가 많

앉거든요. 방정환 선생님은 모든 어린이가 인격체로 대우를 받고, 동등한 교육을 받아야 한다고 생각했어요. 이런 생각을 담아 1923년 5월 1일 어린이날을 만들었어요. "잘 살랴면(살려면) 어린이를 위하라"는 포스터도 만들어 방방곡곡에 뿌렸어요. 어린이날 선언문에는 "어린이를 재래의 경제적 압박으로부터 해방하여 만 14세 이하의 그들에게 대한 무상 또는 유상의 노동을 폐하게 하라."는 내용을 담았고요. 방정환 선생님은 적어도 14세가 될 때까지는 노동에서 벗어나 충분히 교육 받으며 잘 놀고 쉬어야 한다고 강조한 것이죠.

이후 노동법에 고용할 수 있는 최저 나이를 정하기 시작했어요. 한국의 노동법 중 가장 기본이 되는 「근로기준법」은 최저 기준을 15세로 정했어요. 특별히 보호해야 할 시기는 18세까지로 정하고요. 돈만 준다면 내 마음대로 일을 시킬 수 있는 것이 아니라 법에서 정한 기준을 지켜야 해요. 예를 들어 15세가 넘는 사람을 고용할 수 있고, 13세부터 15세 사이의 사람에게 일을 시키려면 복잡한 절차를 거쳐서 허가를 받아야 해요. 15세는 의무교육 기간인 중학교를 졸업하는 나이와 관련이 있어요. 충분히 교육을 받으려면 노동에서 벗어나야 한다는 생각을 노동법에 담은 것이죠.

한국뿐 아니라 많은 나라에서 고용할 수 있는 최저 나이 기준을 중요하게 정하고 있어요. 국제노동기구ILO에 따르면, 산업 사회 초기처럼 옷 만드는 공장, 축구공 만드는 공장, 초콜릿의 원료가 되는 코코아 농장, 금을 캐는 광산 등에서 노동하는 아동이 약 1억 6,800만 명이나 되기 때문이에요.

ILO는 2002년부터 6월 12일을 '세계 아동 노동 반대의 날'로 정했어요. 예를 들어, 12세가 되기 전까지는 어떤 형태의 노동에서도 자유로워야 하고, 12세부터 14세 사이의 어린이는 아주 가벼운 형태의 노동에만 고용할 수 있다고 정한 것이죠.

어떤 나라에서 태어났느냐에 상관없이 모든 어린이는 일정한 나이가 되기 전까지는 강제 노동과 가난에서 벗어나 행복한 삶을 누릴 권리가 있다는 걸 기억하면 좋겠어요.

9. 어린이 유튜버를 위한 법이 있나요?

어린이 유튜버를 위한 법은 아직 준비 중이에요. 어린이 유튜버가 겪는 어려움이 알려진 지 얼마 되지 않았기 때문이죠. 대신 방송통신위원회라는 곳에서 어린이 유튜버를 보호하기 위한 내용지침서을 만들어 2020년부터 널리 알리고 있어요. 세이브더칠드런이라는 단체도 2019년부터 '아이가 행복한 유튜브 만들기' 캠페인을 하고 있고요. 이들 단체에서 만든 것이 법은 아니에요. 하지만 법이 만들어질 때까지 중요한 길잡이 역할을 하죠. 여러분이 유튜버 활동을 맘껏 펼치려면 어떤 것들이 보장되어야 할까요?

우선 여러분이 원하지 않는데 강제로 방송을 제작하면 안 되겠죠. 아무리 친한 사이고 가족이라 해도 내가 원하지 않는데 막무가내로 촬영을 하면 안 돼요. 내가 놀이에 집중하고 있을 때 몰래 촬영한다면 그건 불법 촬영이에요. 촬영하기 전 여러분의 생각을 충분히 이야기하세요. 내 생각이 존중받지 못한다고 느낄 땐 거부할 수 있어요. 거부하는데도 무리하게 촬영하는 것은 폭력이나 마찬가지예요.

또, 안전하게 촬영할 수 있어야 해요. 너무 시거나 맵고 짜서 고통을 주는 감당하기 힘든 음식을 먹게 한다면 매우 위험한 일이 생기겠죠? 떨어질 위험이 있는 높은 장소나 날카롭고 해로운 물질이 있는 장소, 그리고 혼자 촬영하는 일 등은 피해야 해요. 어떤 장소에서 어떤 내용으로 촬영할 건지 여러분이 미리 알 수 있어야 해요. 조회 수보다 중요한 건 여러분의 안전이니까요.

여러분의 사생활을 보호받는 것도 무척 중요해요. 여러분이 비밀스럽게 쓴 일기장이 공개되어 모두가 알게 된다면 어떨까요? 여러분이 공포에 질려 우는 영상이 성인이 될 때까지 남아 있다면 어떨까요? 여러분이 어디에 살고 어디를 주로 가는 몇 살 누구인지를 모두가 안다면 어떨까요? 유명해져서 좋다고만 생각할 수 있을까요? 내가 모르는 사람이 길에서 알은체하며 무리한 요구를 할 수도 있지 않을까요? 심한 경우 범죄의 표적이 될 수도 있고요. 내가 원해서 촬영하고 공개할 때에도 민감한 내 정보는 보호받아야 해요.

무엇보다 여러분이 즐겁게 하는 놀이나 활동이 돈벌이 수단으로만 여겨지면 안 돼요. 누구든 돈을 벌 목적으로 여러분에게 놀이나 활동을 강요한다면 그건 강제 노동을 시키는 것과 같아요. 그리고 유튜브 활동으로 소득이 생긴다면 여러분의 생각대로 처분할 수 있는 나이가 될 때까지 여러분의 몫으로 남겨 놓아야 해요.

미국에는 오래전 '쿠건법'캘리포니아 아동 연기자 보호 헌장, California Child Actor's Bill, 1939을 만들어 어린이 배우를 보호하는 장치를 뒀다고 해요. 재키 쿠건이라는 배우가 6세 때 영화에 출연해 번 돈을 부모가 모두 써 버려 소송한 일이 있었거든요. 이 일이 계기가 되어 쿠건법을 만든 것이죠. 한국에서도 가족이 어린이 소득을 몰래 다 써 버리지 못하도록 하는 법을 준비 중이에요.

프랑스는 '키즈 유튜버 보호법'을 따로 마련해 어린이 유튜버의 활동을 보장하고 있어요. 한국에도 보호법이 마련되고, 어린이 유튜버를 존중하는 인식이 높아져 여러분의 매력을 마음껏 펼칠 수 있기를 기대해요.

10. 어린이가 밤을 새워 촬영해도 괜찮나요?

누구든 밤을 새워 일한다면 말리고 싶어요. 밤새워 일하는 걸 야간 노동이라고 하는데, 야간 노동은 암을 유발할 정도로 우리 몸에 아주 해롭기 때문이에요. 밤에 충분히 잠을 자야 건강한 삶을 유지할 수 있어요. 여러분은 밤에 잠을 충분히 자고 있나요? 더 놀고 싶거나 과제를 하느라 잠을 못 잔 적은 없었나요?

잠을 제때 충분히 못 자면 단 음식을 찾게 되어 살이 찌고, 면역력이 떨어져 감기에도 잘 걸린다고 해요. 집중이 잘 안 되어 짜증이 나고, 실수가 잦아지거나 심한 경우 우울증이 찾아오고요.

미국 수면 재단National Sleep Foundation, NSF에서 발표한 자료를 보면, 6~13세 어린이의 적정한 수면 시간은 9~11시간, 14~17세 청소년은 8~10시간 정도래요. 사람마다 차이가 있겠지만 아무리 적게 자도 8시간 이상은 자야 하는 거죠. 어린이 연예인도 예외가 아니겠죠?

연예인 활동을 하는 어린이는 때에 따라 밤을 새워 촬영할 때가 있다고 해요. 새벽 3시에 촬영이 있을 때도 있고, 짧은 촬영을 위해

10시간 넘게 기다리는 일도 흔하다고 해요. 밤과 새벽에 촬영한다면 수면 시간을 제대로 보장받기 어려울 거예요. 졸리지만 촬영에 동의했으니 이런 일쯤 참아야 한다고 생각하며 넘어갈 수도 있어요.

그런데 여러분이 촬영을 원하고 동의했다고 해서 부당한 요구를 다 참겠다는 것으로 이해해도 괜찮은 걸까요? 촬영은 성공적으로 끝냈지만, 몸과 마음은 만신창이가 되어 버린다면 어떨까요? 하고 싶은 일을 오랫동안 행복하게 하려면 오늘 잠자는 시간을 결코 소홀하게 생각해서는 안 돼요.

잠을 잘 자는 게 이렇게 중요한데 각자 알아서 챙겨야 한다면 달라지는 일이 없을지도 몰라요. 다행히 2014년에 「대중문화예술발전법」을 만들어 15세 미만 어린이의 야간 촬영을 엄격하게 제한하기 시작했어요. 법이 만들어진 후 더디지만 조금씩 변화가 생기고 있어요.

〈기생충〉이라는 영화를 만든 봉준호 감독은 어린이 배우의 안전과 건강을 최우선으로 생각했다고 해요. 어린이가 나오는 장면은 밤이 되기 전에 촬영해 밤에는 충분히 쉬고 잘 수 있도록 한 것이죠. 또, 더위가 심할 때는 야외 촬영을 실내 촬영으로 대신하고 필요한 배경은 컴퓨터 그래픽으로 처리했대요. 컴퓨터 그래픽 처리는 야외 촬영보다 시간과 비용이 많이 드는 작업이지만 어린이의 건강을 위해 당연하다고 생각한 거죠.

어린이가 주인공으로 등장하는 〈우리집〉이라는 영화를 촬영할 때

도 9가지 약속을 만들어 지켰다고 해요. 어린이와 성인이 서로를 믿고, 존중하고, 도와주고, 배려하면서 행복하게 촬영하기 위해 만든 약속이에요. 함께 촬영하는 어린이 배우의 적정한 수면 시간과 건강을 최우선으로 여기는 것은 그 약속을 잘 지키는 방법이라 할 수 있어요.

11. '샤프롱 제도'가 뭐예요?

샤프롱chaperon은 프랑스어로 보호자를 뜻해요. 공연장이나 영화 촬영장에서 어린이 배우를 보살피고 지원하는 사람도 샤프롱이라고 해요.

어린이 배우가 주를 이루는 〈빌리 엘리어트〉라는 뮤지컬 팀에서는 샤프롱 5~6명이 6세에서 14세 사이의 배우 20여 명을 보살핀다고 해요. 미국과 영국에는 오래전부터 자리 잡은 제도지만 한국에서는 아직 일부 공연 기획사만 운영하는 낯선 제도죠. 다른 나라 작품의 원작 공연을 그대로 한국에서 동일하게 연출해서 공연할 때 외국 스태프들이 샤프롱을 반드시 둬야 한다고 요구했대요. 그래서 우리나라에서도 샤프롱 제도가 일부 공연에서 도입되었어요.

샤프롱이 하는 역할은 아주 다양해요. 연습과 공연 과정에서 늘 함께하며 어린이 배우를 위해 많은 것을 챙겨요. 연습과 공연 날짜에 맞춰 할 일을 알려 주고, 식사 시간과 휴식 시간을 챙겨요. 어린이 배우가 대본이 잘 이해가 되지 않거나 힘든 상황이 있을 때 가장 먼저 의논하고 도움 받는 사람도 샤프롱이에요.

심리적으로 힘든 장면을 연기한 후라면 마음이 다치지 않도록 돕는 것도 샤프롱의 역할이죠. 법에서 정한 촬영 시간을 넘기지 않도

록, 밤늦은 시간에 연습 시간을 잡지 않도록 미리 조율하는 역할도 중요해요. 성인 배우가 폭력적인 장면을 연습할 때 어린이 배우가 노출되지 않도록 공간을 분리한다거나 공연 중에 욕설 대사가 있는 경우 대기실의 스피커를 끄는 것도 샤프롱이 챙기는 일 중 하나래요.

이 외에도 어린이 배우가 안전하고 건강하게 연습과 공연에 집중할 수 있도록 지원하는 역할을 해요. 이렇게 중요한 역할을 하는 샤프롱은 어린이 돌봄과 인권, 공연 관련 지식, 일터 안전과 건강 등 여러 분야에 관한 공부도 많이 해야 한다고 해요.

샤프롱 제도는 비록 외국 스태프의 요구로 인해 시작되었지만, 어린이 배우에 대한 인식을 새롭게 하는 중요한 계기가 되었어요. 어린이 배우를 한 명의 배우로 동등하게 대우해야 한다는 생각이 싹트기 시작한 거죠. 그간 한국에서 어린이 배우는 그저 아역 배우로만 여겼어요. 잠깐 등장해서 귀여운 모습을 보여 주는 정도로만 생각한 거죠. 어린이 배우가 주인공이어도 크게 달라지지 않았어요.

어린이 배우의 권리를 제대로 보장하려면 아역이 아니라 한 명의 배우로 동등하게 인식하고 대우하는 게 중요해요. 공연장이라고 해서 어린이가 보장받아야 할 권리가 달라지거나 사라지는 게 아니니까요. 무엇보다 공연장은 어린이 배우의 일터예요. 어린이 노동자가 누려야 할 권리 역시 중요하게 고려되어야 하죠. 샤프롱 제도는 어린이 배우의 인권과 일하는 어린이의 권리를 잘 보장해야 한다는 생각을 담은 제도라고 할 수 있어요.

유튜버와 가수, 배우 외에도 다양한 분야에서 일하는 어린이가 있어요. 여러분이 꿈꾸는 더 많은 일에 도전할 때 존중받으며 일할 수 있는 일터가 만들어지도록 우리 사회 곳곳에 샤프롱이 있으면 좋겠어요.

> 어린이 배우의 권리를 제대로 보장하려면 아역이 아니라 한 명의 배우로 동등하게 인식하고 대우하는 게 중요해요. 공연장이라고 해서 어린이가 보장받아야 할 권리가 달라지거나 사라지는 게 아니니까요.

12. 일을 구할 때 어떤 걸 살펴야 하나요?

여러분이 돈 버는 일을 하고 싶다고 하면 주변 사람들의 반응이 어떨까요? 왜 하고 싶어 하는지(돈 필요한 일 있어?), 어떤 일을 하고 싶은지(뭐 해서 돈 벌 건데?) 궁금해하는 반응도 있을 테고, 시큰둥하게 흘려듣거나(그래, 돈 벌면 나 맛있는 거 사줘.) 단념하라는 반응(나중에 어차피 할 건데 뭘 벌써 하려고 그래.)도 있겠죠. 간혹 일자리 찾는 방법을 알려주거나 함께 알아보자고 하는 사람도 있을 거예요. 돈 버는 일을 하려면 일단 일할 곳을 찾아야 하니까요. 일할 곳을 찾는 걸 구직 활동이라고 해요.

여러분이 구직 활동을 한다고 생각해 보세요. 어떤 걸 살펴야 할까요? 우선, 내가 잘할 수 있는 일이 뭔지 알아야 하고, 그 일을 어디에서 할 수 있는지 알아봐야겠죠. 무엇보다 내가 존중받으며 일할 수 있는 곳인지 알아차리는 것이 중요해요. 아무리 돈을 많이 벌고, 하고 싶었던 일이라 해도 나를 함부로 대하고 차별하는 곳이라면 일하기 어려울 테니까요.

그런데 아직 일도 하기 전인데 어떻게 알 수 있냐고요? 노동법은 구직 활동하는 사람을 위해 정보를 제공해야 한다고 정하고 있어요. 하는 일이나 직원 수, 임금 수준 등 회사에서 알려야 하는 정보뿐 아니라 정부에서 알려야 하는 정보도 있어요. 정부는 어떤 회사가 임금을 주지 않아 노동법을 어겼는지, 위험한 환경을 방치해 몇 명이 다치고 죽었는지 등을 해마다 공개하고 있어요.

또, 구인 광고일할 사람을 구하는 광고나 면접 등 구직 활동에서 차별을

겪지 않도록 정하고 있어요. 예를 들어, 여러분이 아이스크림 가게 일을 알아볼 때 구인 광고에 '키 몇 cm 이상, 몸무게 몇 kg 이하'라고 적혀 있다면 어떨까요? 다른 건 알아보기도 전에 내 신체 조건부터 따져 보게 될 거예요. 다른 아이스크림 가게에서 오래 일한 경험이 있다 해도 신체 조건이 맞지 않으면 포기해야 하는 상황이 되는 거죠.

아이스크림 가게에서 하는 일이라 하면 손님이 주문한 아이스크림을 준비해 주고 계산하는 일, 가게 안을 깨끗하게 청소하는 일이 떠올라요. 몸무게에 따라 계산을 잘하고 못할까요? 키가 작은 사람을 위해 발판을 놓으면 안 될까요? 이런 광고는 신체 조건을 내세워 일할 기회를 빼앗기 때문에 차별적인 광고라 할 수 있어요. 노동법에는 '판매직 : 20세~30세 여성', '배달 기사 : 남성' 이렇게 나이와 성별을 콕 집어서 모집하는 것은 성차별과 나이 차별에 해당해 금지하고 있어요. 누구든 일을 구하는 과정에서 차별을 당하면 안 되니까요.

노동법은 일을 구할 때부터 나이, 키, 몸무게, 성별, 출신 학교, 태어난 나라 등으로 사람을 달리 대우하는 걸 금지해요. 그러니 법에서 금지한 차별적인 내용을 버젓이 광고하는 일터라면 다시 생각해 볼 필요가 있어요. 내가 차별받지 않고 존중받으며 일할 수 있는 일터인지 아닌지는 일하기 전부터 꼼꼼하게 살펴봐야 해요.

13. 최저임금법이 뭐예요?

　일하고 받는 돈을 임금이라고 해요. 다른 소득이 없다면 임금은 일하는 사람의 안정적인 생활을 위해 가장 중요하죠. 한 달 단위^{월급}로 정하거나, 주 단위^{주급} 또는 하루 단위^{일당}로 정해요. 운동선수들처럼 1년 단위^{연봉}로 정하기도 하고요. 임금을 정할 때 가장 기본이 되는 것은 시간당 임금이에요. 시급이라고 하죠. 간혹 개인이 협상해서 정하기도 하지만, 거의 대부분은 회사에서 이미 정해 놓은 기준이 있어요. 회사와 노동조합이 협상을 통해 정하기도 하는데, 노동조합이 있는 회사는 열 군데 중 한 곳 정도예요.

　회사에서 정한 대로만 받으면 어떤 일이 일어날까요? 사람들은 좀 더 많이 주는 회사에 들어가기 위해 경쟁에만 매달리지 않을까요? 어떻게든 덜 주려고 꼼수를 쓰는 회사에서 일한다면 일할수록 가난해지는 이상한 일이 벌어질지도 몰라요. 여러분이 꼭 하고 싶은 일이 있는데 월급이 너무 적어 포기해야 한다면 어떨까요?

　누구나 자신이 원하는 삶을 꾸려 가기에 적정한 임금 수준을 보장받아야 해요. 「헌법」에서 정한 절대 양보할 수 없는 권리죠. 따라서 회사에서 마음대로 정하더라도 지켜야 할 선이 있어요. 이런 내용을 규정한 것이 「최저임금법」이에요. 정부는 「최저임금법」에 따라 매년 기준이 되는 최저 시급을 정해야 해요. 어떤 회사에서 일하든 이 이상은 받아야 한다는 기준선이죠. 정부에서는 회사에서 미리미리 준비할 수 있도록 매년 8월 5일까지 다음 해의 최저 시급을 결정해 알려야 해요. 모르는 사람이 없도록 홍보 방송도 하고 눈에 잘 띄는 곳에 결정된 내용을 적어 붙여 놓아야 하고요.

딱 최저 임금만 받거나 이조차도 받지 못해 생활이 곤란한 사람이 많지만 어떤 회사의 사장이나 임원은 상상할 수 없을 만큼 많은 임금을 받기도 해요. 2018년 기준 우리나라 50대 기업의 사장 임금이 최저 임금의 300~400배가 넘었다고 해요. 사장이 아무리 중요한 역할을 한다고 해도 일반 직원보다 300~400배나 많이 할까요? 이런 차이를 줄이기 위해 최고 임금을 정하자는 주장도 있어요.

프랑스에서는 임금 격차를 줄이기 위해 최고임금법인 '살찐 고양이 법'을 만들었어요. 아무리 임원의 임금 수준이 높아도 직원의 20배를 넘지 않아야 한다고 정한 것이죠. 살찐 고양이는 탐욕스런 기업가를 뜻해요.

한국은 2019년 부산시에서 처음으로 조례를 만들었어요. 조례는 법령의 범위 안에서 지방 자치 단체의 의회가 제정하는 자치 법규예요. 공기업 기관장의 임금은 최저 임금의 7배, 임원의 임금은 최저 임금의 6배를 넘으면 안 된다고 정했어요. 공공기관부터 임금 차이를 줄여 나가는 것이 우리 사회의 임금 불평등을 해소하는 방법이라고 여긴 거예요. 경제협력개발기구OECD 회원국의 직원과 임원의 평균 임금 격차는 5~7배 정도라니 한국은 아직 갈 길이 먼 것 같아요.

좀 더 평등한 세상, 일하는 사람이 존중받는 세상이 되려면 임금 차이를 줄이는 노력이 필요해요. 임금은 누가 어떤 일을 하든 충분한 생활을 할 수 있는 수준이어야 하니까요.

최저임금의 300~400배

121. 임금 차별이 뭐예요?

　뚜렷한 이유 없이 사람에 따라 다른 임금을 주는 것을 임금 차별이라고 해요. 하는 일은 같은데 임금에 차이가 있는 것이죠. 노동법은 합리적인 이유 없이 차별하는 것을 엄격하게 금지하고 있어요. 나이가 많은지 적은지, 여성인지 남성인지 혹은 성적 지향이 어떤지, 태어난 곳이 어디인지, 어떤 학교를 다녔는지 등의 이유로 임금을 다르게 주지 말라고 정했죠. 예를 들어 여러분이 아이스크림 가게에서 일했는데 합리적 이유 없이 나이 많은 동료보다 10만 원 적게 받았다면 나이에 따른 임금 차별로 볼 수 있어요.

　가장 오래되고 대표적인 임금 차별은 성별에 따른 차별이에요. 한국은 1996년 가입한 경제협력개발기구OECD 회원국 중 성별 임금 차이가 가장 큰 나라예요. 2020년을 기준으로 남성이 100만 원을 벌 때 여성은 68만 5,000원을 벌었다고 해요. 31만 5,000원의 차이가 난 것이죠. OECD 회원국 기준 남녀 성별에 따른 임금 차이가 평균 15만 원인 것과 비교하면 한국은 그 2배 이상 차이가 나는 거예요.

2020년 기준 경제협력개발기구 회원국 가운데
성별 임금 차이가 가장 큰 나라 ➔ 한국

    여성들은 이런 차이가 문제 있다는 것을 알리기 위해 매년 3월 8일 세계 여성의 날에 '3시 스톱(stop)' 캠페인을 해요. 하루를 기준으로 따져 보면 3시부턴 공짜로 일하는 셈이니 일을 멈추자는 것이죠. 「헌법」과 「남녀고용평등법」에는 남녀 간 임금 차이를 금지하고 있어요. 법을 어기면 3년 이하의 징역을 살거나 또는 3,000만 원 이하의 벌금을 내도록 해 처벌도 무겁지요. 법도 있고 벌도 무거운데 여전히 차이가 좁혀지지 않아서 매년 '3시 스톱'을 외치며 변화를 요구하는 거예요.

    현재 성별 임금 차이가 가장 작은 나라는 아이슬란드라고 해요.

2018년 세계에서 처음으로 남녀 임금 차별 금지법을 시행한 나라예요. 아이슬란드에서 여성의 노동과 차별에 대해 변화의 물꼬가 터진 건 1975년 10월 24일 있었던 '하루 파업'이 계기가 되었어요. 여성의 90퍼센트가 일을 멈추고 참여할 정도로 변화를 원하는 목소리가 높았던 것이죠. 1976년 '남녀 고용 평등법'을 통과시켰고, 2021년까지 의회 구성의 47.8퍼센트가 여성 의원일 정도로 아이슬란드 사회는 많은 변화가 있었는데 성별 임금 차이는 좀처럼 좁혀지지 않았어요. '남녀 임금 차별금지법' 같은 보다 강력한 법을 만든 이유죠. 이 법에 따라 회사나 정부 기관은 매년 성별에 따른 임금 차별을 없애기 위한 계획을 세우고 인증을 받아야 해요. 법을 만드는 데 그치는 것이 아니라 그 법이 현실에서 실제적으로 문제 해결에 쓰일 수 있도록 적극적으로 감독하는 것이죠.

앞서 살펴본 대로 임금은 누구나 충분한 생활을 누리기에 적정한 수준으로 정해야 해요. 그러기 위해서는 임금 차별부터 없애야 해요. 나이가 적든 많든, 여자든 남자든, 정규직이든 비정규직이든, 대학을 다녔든 아니든 인간다운 생활을 누릴 권리는 누구에게나 동등하게 있으니까요.

15. 일하는 시간이 정해져 있나요?

노동법이 만들어진 중요한 계기 중 하나는 너무 긴 시간 동안 일하는 것을 막기 위해서예요. 산업화 초기에는 공장에 출근하고 퇴근하는 시간이 따로 정해져 있지 않았어요. 일하는 사람이 동의하면 19시간 이상 일을 시켜도 아무 문제가 되지 않았어요.

하지만 오래가지 않아 장시간 일하는 것이 얼마나 심각한 문제인지 드러나기 시작했어요. 가장 큰 문제는 일하는 사람의 건강이 나빠지는 것이었어요. 그 당시 공장의 위생 상태와 의료 수준이 매우 안 좋았어요. 다치거나 병을 얻기는 쉽고, 고치기는 너무 어려웠죠. 아무리 건강한 사람이라도 19시간 이상 일하면 병이 날 수밖에 없을 거예요. 또, 일하는 시간을 빼면 겨우 잠잘 시간만 남았으니 여가 생활은 생각할 수도 없었어요. 법으로 노동 시간을 제한하는 것은 건강과 삶의 질을 끌어올리기 위해 매우 중요한 문제였어요.

세계의 많은 나라에서 200여 년 가까운 시간이 걸려 노동 시간을 점차 하루 12시간, 10시간, 8시간으로 줄여 왔어요. 기계 같은 삶을 거부한 많은 사람의 투쟁과 희생이 있었죠. 한국은 현재 주 40시간, 하루 8시간을 기준으로 정하고 있어요. 18세가 안 된 사람은 주 35시간, 하루 7시간으로 정하고 있고요. 그리고 일주일 중 이틀을 쉬기 때문에 보통 주 5일제라고 불러요. 한국에 주 5일제가 정착한 건 2011년이니 그리 오래된 일이 아니에요. 여전히 주 6일, 주 7일 일하는 사람이 있어요. 전 직원이 5명이 안 되는 일터에서는 이 법의 준수가 의무 사항이 아니기 때문이죠.

어떤 시간대에 일하느냐도 중요해요. 하루 8시간을 일하는데 한밤중에만 일한다면 건강한 삶을 유지하기 어려워요. 어두운 밤에 일하면 사고 위험이 크고, 자야 할 시간에 일하느라 몸에 더 무리가 온다고 해요. 국제암연구소에 따르면 밤에 일하는 것 자체가 발암 물질 2급에 해당할 정도로 건강에 해롭다고 해요.

환경 미화 노동자는 이전에는 야간이나 새벽에 일을 해서 건강을

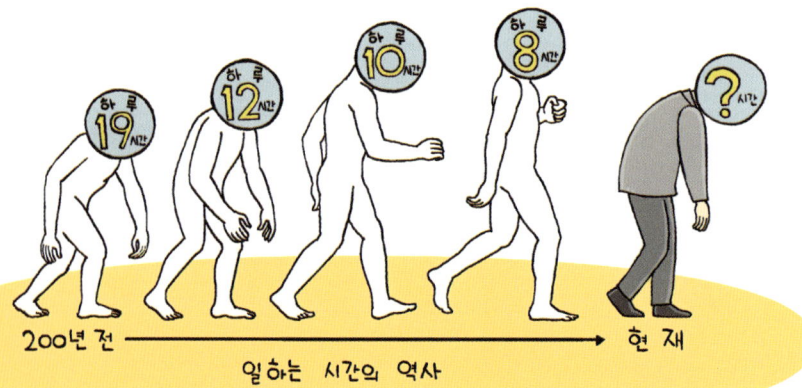

해칠 뿐 아니라 외부 위험에 노출되는 일이 많았어요. 그러던 것을 2019년부터 환한 낮에 일하는 것으로 바꾸었어요. 환한 시간에 일하니 쓰레기에 섞인 위험한 물건이 잘 보여 피하기 쉽고, 교통사고 위험도 줄었어요. 생체 리듬도 되찾아 더 활기차게 생활하고요. 이러한 변화는 환경 미화 노동자가 모인 노동조합에서 요구하고 시민들이 힘을 보태 가능했어요. 환경 미화 노동자의 건강은 외면한 채 아침에 깨끗한 모습만 보기를 원하는 시민이 많았다면 여전히 바꾸기 어려웠을 거예요.

요즘 새벽 배송과 24시간 편의점 등 밤을 낮 삼아 일하는 사람이 점점 더 늘고 있어요. 병원 응급실이나 기차역 등 공공의 이익을 위해 꼭 필요한 곳이 아니라면 밤 노동을 줄여 가야 노동자의 건강도 지킬 수 있어요. 어쩔 수 없이 밤에 일해야 하는 노동자가 있다면 하루 8시간 기준보다 더 짧게 일하고 중간 중간 더 많이 쉴 수 있어야 해요. 낮에 일하는 사람에 비해 임금도 더 충분하게 받아야 하고요.

돈을 받으며 일하는 동안에도 내 시간의 주인은 내가 되어야 해요. 적정한 노동 시간을 제안할 수 있고, 내 건강과 삶을 갉아먹는 장시간 노동과 밤 노동은 거부할 수 있어야 해요. 혼자만의 힘으론 쉽지 않겠지만 환경 미화 노동자의 변화처럼 함께하면 바꿀 수 있지 않을까요?

16. '쉴 권리'를 보장한 법이 있나요?

　노동 시간을 계속 줄여 온 이유는 쉴 시간을 마련하기 위해서예요. 일하는 시간이 길면 쉴 시간이 줄어들기 때문에 충분히 쉬려면 노동 시간 조절은 필수죠. 학교에서 수업 시간 중간 중간 쉬는 시간을 두는 것과 비슷해요. 만일 1교시부터 4교시까지 쉬는 시간이 없이 수업을 한다고 생각해 보세요. 아무리 좋아하는 수업이어도 집중이 어려울뿐더러 화장실 가는 걸 참다가 병이 날지도 몰라요.

　법에는 '8시간 일하면 1시간 이상 휴식'처럼 일하는 도중 쉬어야 한다고 정하고 있어요. 일주일에 일하기로 한 날 모두 출근했으면 하루 이상을 쉬어야 한다고도 정했고요. 앞서 살펴본 주 5일제를 하고 있다면 일주일 중 2일을 쉬는 셈이죠. 이 외에 한 달 일하면 하루를 쉴 수 있는 휴가월차가 있고, 일 년을 일하면 15일 이상의 휴가연차를 주어야 한다고 정하고 있어요. 연차는 한 회사에서 계속 일한다고 했을 때 2년에 하루씩 늘어요. 학생처럼 긴 방학은 없지만 일하는 중간 중간 쉬는 시간을 꼭 챙겨야 한다고 정한 것이죠.

법에 정한 휴가를 걱정 없이 쓸 수 있는 회사 문화도 중요해요. 옆 사람에게 일이 몰릴까 혹은 제대로 일하지 않는 사람처럼 보일까 신경 써야 한다면 휴가를 쓰기 어렵겠죠. 또, 쉴 때 돈이 안 나오면 생활이 곤란해지기 때문에 휴가 기간에 대한 임금을 깎아서는 안 된다고 정하고 있어요. 쉴 권리가 제대로 보장되려면 직장 문화와 임금 보상 등 두루두루 살펴야 해요.

최근엔 여러 회사에서 주 4일제, 오랜 기간 일하면 1년 안식 휴가, 점심시간 90분 등 쉴 권리를 더 잘 보장하기 위해 여러 실험을 하고 있다고 해요. 일하는 것 못지않게 쉴 권리도 중요하다고 여기는 회사가 많아진 거죠. 그런데 어떤 회사에서 일하느냐에 따라 쉴 권리가 달리 보장된다면 어떨까요?

예를 들어 택배 노동자는 원하는 날 쉬기가 어려워요. 더운 여름날 휴가를 쓸 수도 없고요. 택배를 기다리는 고객이 재촉한다는 이유로, 빨리 전달하지 않으면 상하는 물건이 있다는 이유 등으로 따로 쉬는 날을 정하지 않은 것이죠. 법에 정한 바가 없어서 밥 먹을 시간도 따로 없어요. 끼니를 거르거나 불규칙하게 밥을 먹다 보면 배탈이 날 때가 많다고 해요. 일주일 중 하루조차 제대로 쉬지 못하는 사람도 많고요.

어떤 회사에서 일하든지 일주일 중 이틀 이상은 온전히 쉬고, 폭염과 폭설이 있는 여름과 겨울에는 휴가를 낼 수 있어야 하지 않을까요? 2020년부터 8월 14일 하루를 '택배 없는 날'로 정해 캠페인을 하고 있지만, 캠페인만으로는 부족해요. 지금은 일부 택배 회사만 참여하고 있는데요. 전국의 택배 회사가 함께 쉬는 날을 법으로 정하면 어떨까요?

「세계 인권 선언문」 제24조에는 일하는 사람 누구나 임금 걱정 없이 잘 쉬고 여가를 누릴 권리를 강조해요. 쉴 권리는 어떤 회사에서 어떤 방식으로 일하든지 상관없이 누구나 누려야 할 보편적인 권리이기 때문이죠. 주변에 일만 하고 쉴 권리는 제대로 누리지 못하는 사람이 누가 있는지, 함께 잘 쉬기 위해서는 어떤 변화가 있어야 하는지 살펴보면 좋겠어요.

17. 일터 괴롭힘이 뭐예요?

'갑질'에 대해 들어 본 적 있나요? 자신의 우월한 지위를 무기로 부당한 일을 시키거나 모욕적인 말과 행동을 하는 경우를 뜻해요. 어떤 계약을 할 때 둘이 계약하면 '갑'과 '을', 세 명 이상이 계약하면 갑,

을, 병, 정…… 식으로 이름을 붙이는 데서 시작된 말이에요.

보통 돈을 주고 일을 맡기는 사람, 베스트셀러 작가 혹은 유명한 게임 개발자 등이 갑의 위치에 있게 되죠. 갑의 위치에 있는 사람은 을의 위치에 있는 사람보다는 우월한 지위에 있다고 할 수 있어요. 갑질은 이렇듯 힘의 관계가 대등하지 않을 때 일어나요. 특히, 일터에서 벌어지는 갑질을 직장 내 갑질 또는 일터 괴롭힘직장 내 괴롭힘이라고 해요.

일터 괴롭힘은 일하는 사람의 몸과 마음을 힘들게 하고, 일을 그만두게 하는 원인이에요. 예를 들어, 팀장이 자기 맘에 안 드는 팀원에게 감당하기 어려운 일을 맡긴다거나, 아예 일을 맡기지 않는다고 생각해 보세요. 감당하기 어려운 일을 맡은 팀원은 쉴 틈 없이 일에 매달려도 팀장을 만족시키기 어려울 거예요. 일을 맡지 못한 팀원은 자신이 이 회사에 있는 이유에 대해 끊임없이 고민하며 자신을 탓하게 되겠죠.

하지만 어떤 경우에도 뚜렷하고 합리적인 이유가 없으니 팀원의 고민은 해결되기 어려울 거예요. 팀장에게 잘 보이고 싶은 또 다른 팀원이 그 팀원을 따돌리는 일이 생길 수도 있어요. 이런 상태가 계속되면 보통은 미움 받는 팀원이 고립된 채 힘들어하다 회사를 그만두게 돼요. 팀장의 부적절한 행동과 어려움에 처한 동료를 외면하는 조직 문화가 근본적인 문제인데 개인의 문제처럼 되어 버리는 거죠.

이런 일이 오랫동안 많은 사람을 병들게 하고 심지어 죽음으로 내몰았지만, 회사 생활을 하려면 감당해야 하는 일처럼 생각했어요. 엄연한 폭력인데 말이죠.

사람은 누구나 존중받길 원해요. 돈을 주고 일을 맡긴다고 해서 그 사람의 인격까지 산 것은 아니에요. 나이가 많거나 직급이 높다고 해서 그렇지 않은 사람을 하인 부리듯 해도 된다는 프리 패스를 얻은 것도 아니고요. 다행히 2019년 「직장 내 괴롭힘 금지법」이 만들어진 후 일터에서 벌어지는 갖가지 갑질과 괴롭힘을 줄이기 위해 노력하고 있어요. 왕따, 막말, 무시, 외모 간섭 등 일하는 환경을 어렵게 만드는 행동은 범죄라는 인식이 생기기 시작한 거죠.

좀 더 나아지려면 일터 괴롭힘 문제가 생겼을 때 조직 문화를 함께 살펴보는 것이에요. 일터 괴롭힘의 문제는 개인의 잘못과 함께 그런 행동을 모른 체하거나 대수롭지 않게 넘겨 온 조직 문화의 영향이 크니까요. 함께 어울려 행복하게 일하려면 충분한 임금, 적정한 노동 시간과 휴가 같은 노동 조건 못지않게 함께 일하는 사람 사이의 관계가 중요해요. 높은 지위나 힘을 앞세우기보다 각자 맡은 역할을 존중하는 문화를 함께 가꿔 간다면 일터 괴롭힘이 발붙이기 어려울 테니까요.

18. 감정노동자 보호법이 있어요?

'손님은 왕'이라는 말이 있어요. 손님을 왕이라 비유하니 일하는 사람은 왕을 모시는 신하처럼 굴어야 한다고 생각하죠. 고객의 마음을 상하지 않게 살피느라 물건까지 극존대하는 현상도 벌어져요. '주문하신 메뉴 나오셨습니다', '이 물건은 5천 원이세요'처럼요. 이렇게 고객의 마음에 들기 위해 내 감정을 꾸미며 일하는 것을 감정노동이라고 해요. 고객이 친절하다고 느낄 수 있게 외모와 표정, 말투를 관리하는 것이죠. 마트 계산 노동자, 콜센터 상담사, 간호사, 비행기 승무원, 사회복지사, 택배 노동자 등 많은 노동자가 감정노동을 해요. 서비스 산업이 늘면서 더 많은 분야에 감정노동자가 생기고 있어요.

감정노동자는 일하는 동안 자신의 진짜 기분을 숨겨야 할 때가 많아요. 회사에서 요구하는 표정과 감정 표현을 연기하려면 내 감정이 드러나면 안 되거든요. 마치 가면을 쓰고 있는 것처럼 답답하고, 가면을 벗은 뒤에는 진짜 내가 누구인지 헷갈릴 지경이라고 해요. '죄송합니다'를 입에 달고 살아야 하니 자신이 실수투성이에 못난 사람

처럼 생각되어 괴로운 시간을 보내기도 하고요. 이런 상태로 오래 일한 사람은 아무리 쉬어도 쉰 것 같지 않고 무기력해지는 번아웃 증후군burnout syndrome을 겪는다고도 해요. 온몸에 있던 힘이 모조리 빠져 버린 것처럼 축 처지고 아무 의욕도 없이 지내게 되는 거죠.

오랫동안 우리는 '친절은 당연한 거 아니냐', '이왕이면 웃는 얼굴이 좋지 않냐', '그렇게 멘탈이 약해서 무슨 일을 하냐'며 감정노동자가 겪는 문제를 외면해 왔어요. 하지만 일하는 사람의 감정도 보호되어야 해요.

2018년부터 「감정노동자 보호법」과 관련 제도를 만들기 시작했어요. 이 법에는 회사에서 해야 할 일을 정해 놨어요. 껄끄러운 일이 일어나지 않게 무조건 친절하게 하라는 식이 아니라 어떻게 대응할지 계획을 마련하도록 한 것이죠. 예를 들어, 콜센터에는 계속 폭언을 하는 고객에 대해 경고하고 전화를 끊어도 된다는 기준이 마련됐어요. 여러분이 궁금한 게 생겨 상담실에 전화를 건다면 폭언을 하지 말고 상담사를 존중하는 마음으로 대해 달라는 음성을 먼저 듣게 될 거예요. 「감정노동자 보호법」으로 생긴 통화 전 안내 방송이에요.

또, 마트의 계산 노동자에게 무리한 요구를 하는 고객이 있다면 회사 책임자가 나서서 상대하고 그 노동자는 자리를 피해 쉴 수 있도록 해야 해요. 상처 입은 마음을 잘 추스르며 쉴 수 있도록 휴식 공간도 마련해야 하고요. 번아웃 증후군이나 우울증을 호소할 때는 충분히 쉬면서 건강을 돌볼 수 있도록 긴 휴가를 주어야 해요. 밥 먹기 전에 웃는 연습을 시킨다든가 직원이 손님으로 가장해 친절 점수를 매기는 식의 과도한 평가는 없애야 하고요.

감정노동자는 스스로를 '웃으며 병드는 노동자'라고 부른대요. 몸과 마음을 상하게 하면서까지 강요되는 친절에 대해 다시 생각해 보게 하는 말 같아요. 감정노동자가 자신의 감정을 잃어버릴 정도로 혹사당하지 않고, 마음을 잘 지키고 돌보는 방법을 함께 더 찾아보면 좋겠어요.

19. 갑자기 일을 그만두라고 하면 어떻게 하나요?

모든 국민은 근로의 권리를 가진다. __「헌법」 제32조 제1항

내가 원하는 곳에서 인간답게 일할 권리는 「헌법」 제32조에서 보장하는 기본권이에요. 많은 사람이 원하는 회사에서 안정적으로 오래 일하길 바라는 이유도 기본권을 보장받고 싶은 마음에서죠. 그렇다고 한 회사에서 죽을 때까지 일하는 경우는 드물어요. 보통 'OO세 정년'처럼 일정 나이가 될 때까지 일하거나 도중에 그만두고 다른 일터로 옮기죠. 내가 원해서 다른 일터를 찾아가면 좋은데, 지금 있는 일터에서 나가라고 하는 일도 있어요. 이런 경우를 해고라고 해요.

계속 일하고 싶은데 갑자기 내일부터 나오지 말라고 하면 어떨까요? 이런 상황에서 아무렇지 않은 사람은 아마도 없을 거예요. 일터에 뿌리내리고 있던 노동자의 삶이 송두리째 뽑히는 일이니까요.

자신과 가족의 삶을 지탱하던 소득이 사라지면 당장 생계 걱정에 막막할 거예요. 그간의 노고를 인정받지 못하고 버림받았다는 생각

에 삶의 의지마저 흔들릴 수 있고요. 주변에서 '뭔가 잘못한 게 있으니까 해고당한 거겠지……' 하며 거리를 둔다면 더 외롭고 힘들 거예요. 해고는 이렇듯 노동자의 삶을 무너뜨리는 충격적인 사건이에요. 노동법에 해고의 엄격한 절차를 명시하고 이를 어긴 경우 엄한 처벌을 정한 이유죠. 하루아침에 나가라는 식의 통보는 법을 심각하게 위반하는 일이에요.

노동법에는 해고 전 노동자에게 미칠 영향을 충분하게 생각해야 한다고 정했어요. 미리 알리고, 해고를 피할 다른 방법을 찾아야 한다고 정했죠. 어쩔 수 없이 없애거나 줄여야 할 업무가 생긴다면 그 일을 하고 있던 사람이 다른 업무를 할 수 있는 방법을 찾아야 해요. 평소 하던 업무가 아니라면 익숙해질 수 있도록 교육 시간을 마련해야 하고요.

그런데 여러 노력을 다했는데도 안타깝게 그만둬야 하는 노동자가 생긴다면 어떻게 해야 할까요? 다른 일터를 알아볼 수 있도록 충분한 시간을 줘야 해요. 당장 생계가 곤란해지지 않도록 보상도 해야 하고요. 한 직장에서 길게 일한 경우뿐 아니라 짧은 기간 일한 노동자에게도 동일한 기준을 적용해야겠지요.

하루아침에 일터를 잃어버리는 부당한 일을 겪는 노동자가 없도록 회사는 법을 잘 지키고 책임을 다하는 게 무엇보다 중요해요. 회사의 책임 못지않게 정부와 지방 자치 단체에서 지원할 법과 제도를 만드는 것도 중요하고요.

모든 국민은 인간다운 생활을 할 권리를 가진다. ㅡ 「헌법」 제34조 제1항

'해고는 살인이다'라고 할 정도로 큰 사건이 되는 건 해고 이후의 삶을 보살피는 사회보장체계가 부족한 탓도 커요. 「헌법」에서 보장하는 인간다운 생활을 위해서는 원하는 일을 다시 할 때까지 교육과 소득을 보장하고, 심리적 안정을 취할 수 있도록 정부와 지방 자치 단체의 든든한 지원이 필요해요. 해고로 인간다운 삶까지 멈춰 버리는 일이 일어나서는 안 되니까요.

21.
건강하고 안전한 일터를 가꾸는 법

20. 어떤 것이 해로울지 미리 알 수 있나요?

어떤 제품을 사면 그 제품의 사용법과 함께 이용 시 주의사항을 안내하는 글이 있어요. 안전하게 이용할 수 있도록 미리 알리는 것이죠. 이처럼 일터에서도 일하는 사람이 안전하고 건강하게 일할 수 있도록 미리 알려야 할 것들이 있어요. 노동법 중「산업안전보건법」에는 노동자의 건강과 안전에 영향을 미치는 것들에 대해 충분히 알리고 교육해야 한다고 정했거든요. 노동자의 알 권리라고 해요.

회사는 일하는 사람의 안전과 건강을 위해 필요한 정보를 반드시 알려야 한다. _ 쉽게 쓴 산업안전보건법 제5조 제1항*

노동자가 알 권리를 잘 보장받으려면 일터에서 어떤 노력을 해야 할까요? 우선 안전 담당자를 정해 일터나 기계에 붙어 있는 표시가

* 이 책의 법령 출처 중 '쉽게 쓴'이라는 표현은 법령 그대로 인용한 것이 아니라 저자가 핵심 내용을 풀어 쓴 법령 조항이라는 표현입니다.

어떤 의미인지 설명해 줘야 해요. 노동자에게 위험하거나 해로운 물질을 안전하게 다룰 수 있도록 미리 교육하고요. 과학 실험 전 실험 도구와 화학 물질을 안전하게 다루는 법을 설명하는 것처럼요.

 정보는 눈에 잘 띄는 벽이나 장소에 붙이고, 누구나 쉽게 찾을 수 있도록 해야 해요. 비밀이라고 알려 주지 않거나, 찾기 어렵게 꼭꼭 숨겨 놓으면 안 돼요. 노동자의 안전과 건강에 영향을 끼치는 정보는 누구나 바로 알 수 있어야 하거든요. 또, 정보는 일하는 사람 누구나 쉽게 이해할 수 있도록 해야 해요. 예를 들어, 이주노동자가 일하는 곳은 이주노동자가 쓰는 언어로 알려야 해요. 그 외에도 글을 모르거나 듣거나 보는 데 어려움이 있는 노동자가 소외되지 않도록 두루 살펴야 해요.

무엇보다 중요한 건 궁금한 게 있을 때 바로바로 해결할 수 있어야 해요. 손 소독제에서 이상한 냄새가 나고 눈이 따끔거려 괴로울 때, 왜 그런지 물어볼 데가 없다면 답답할 거예요. 또, 문제가 있어서 물어봤는데 '질문이 너무 많다', '넌 왜 그렇게 예민하냐'고 타박한다면 안전하게 정보를 얻기 힘들겠죠?

캐나다에는 일하는 어린이와 청소년을 위한 홈페이지 Young Workers Zone가 따로 있다고 해요. 알 권리에서 소외되기 쉬운 어린이와 청소년을 특별하게 살피기 위해서죠. "내가 알아야 할 위험한 것이 있나요?", "안전장치 사용 방법은 언제 교육받나요?", "소화기와 구급상자는 어디에 있어요?", "다치거나 궁금한 것이 있으면 어떻게 하나요?" 등 나의 안전과 관련한 어떤 질문도 할 수 있다고 알려줘요. 누구든 걱정 없이 질문할 권리가 있다고 강조해요. 일하는 사람의 질문이 많아질수록 더 많은 문제를 알아내고 고칠 수 있거든요. 질문은 더 안전한 일터를 만드는 데 꼭 필요한 요소예요.

일상생활과 일터에 어떤 위험이 있는지 미리 아는 것은 나의 안전과 건강을 지키기 위해 무척 중요해요. 투명하게 정보를 공개하고, 예방 교육을 철저히 하는 등 알 권리를 잘 보장하는 일터라야 안전한 일터라 할 수 있어요.

21. 일하다가 위험하다고 생각될 땐 어떻게 하나요?

나에게 어떤 것이 해롭고 위험한지 알고 예방한다고 해서 모든 위험을 피하긴 어려울 거예요. 아무리 철저하게 예방해도 위험한 상황은 언제든 마주할 수 있거든요. 중요한 것은 위험한 일이 생겼을 때 안전하게 내 몸과 생명을 보호할 수 있느냐예요. 바로 피할 수 있는 위험도 있지만 죽음에 이르는 위험도 있기 때문이죠. 「산업안전보건법」에는 내가 위험하다고 생각될 땐 하던 일을 멈추고 피할 수 있어야 한다고 정하고 있어요. 작업 중지권이라고 해요. 위험할 땐 누구든 스톱stop을 외칠 권리가 있다는 의미예요.

노동자는 다칠 위험이 있거나 응급 상황에는 하던 일을 멈추고 피할 수 있다. _ 쉽게 쓴 산업안전보건법 제52조 제1항

예를 들어, 건설 공사 현장에서 발판이 흔들린다거나 높은 곳에서 물건이 떨어지는 등 위험한 일이 생기면 하던 일을 멈추는 것이죠.

안전 관리자에게 알리고, 안전한 상태가 될 때까지 기다려야 해요. 시간이 부족하단 이유로 대충 점검하고 다시 일하라고 재촉한다면 거부할 수 있어요. 위험하다고 생각한 것이 해결되지 않았는데 다시 일해야 한다면 작업 중지권은 있으나 마나니까요.

 위험은 건설 공사 현장에만 있는 것이 아니에요. 일터마다 일하는 사람이 마주하는 위험은 아주 다양하거든요. 예를 들어, 전화 상담사가 마주하는 위험은 고객의 폭언과 무리한 요구예요. 이때 위험을 피하는 방법은 전화 수화기를 내려놓는 것이죠. 꾹꾹 참으며 폭언을 계속 듣는다면 노동자의 안전을 보장할 수 없으니까요. 전화 상담사가 위험하다고 느낄 때 '전화를 끊을 권리'도 작업 중지권의 한 예라

할 수 있어요. 마트의 계산 노동자, 정수기 관리사, 전자제품 수리 기사 등에게 작업 중지권은 폭언, 폭력, 성희롱이 일어났을 때 일을 멈추고 서비스를 거부하는 것이에요. 폭설이 내렸을 때 오토바이 배달 노동자가 배달을 거부하는 것도 작업 중지권이라 할 수 있어요.

회사는 노동자가 위험하다고 생각한 것이 사라질 때까지 철저하게 점검해야 해요. 안전한 상태가 될 때까지 최선을 다해야 하고요. 만일 일을 멈추면 회사가 손해라 생각해 망설인다면 노동자의 안전과 건강을 제대로 살필 수 없어요. 또, 회사의 손해를 무조건 노동자에게 부담을 지운다면 아무리 위험한 상황이 와도 노동자는 일을 멈추거나 거부하기 어려울 거예요.

위험은 어디에나 있어요. 어디에나 있으니 어쩔 수 없는 게 아니라 미리 찾아내 환경을 안전하게 바꿀 수 있어야 해요. 그리고 미리 찾아내지 못한 위험을 발견했을 땐 즉시 멈추고 바로잡을 수 있어야 해요. 위험을 예방하고 피할 수 있으려면 알 권리 보장과 함께 노동자가 마음 놓고 '스톱'을 외칠 수 있는 환경이 되어야 해요.

22. 아프거나 다친 사람을 보호하는 법이 있나요?

　일하는 사람의 안전과 건강을 위해 만든 노동법은 크게 두 종류로 나눠 볼 수 있어요. 사고나 질병이 있기 전 미리 예방하고 보호할 의무를 정한 법, 그리고 예방 의무를 다한 후에도 다치거나 아픈 사람이 생겼을 때 치료할 수 있도록 정한 법이에요. 예방과 보호는 「산업안전보건법」, 보상과 치료는 「산업재해보상보험법」이 대표적이에요.

　「산업안전보건법」에는 앞서 살펴본 알 권리와 작업 중지권 등을 정했어요. 일하다 사고를 당하거나 질병을 얻지 않도록 보호하고 예방

하기 위해서죠. 회사가 어떤 일을 해야 하는지, 정부가 무엇을 감시하고 감독해야 하는지를 정했어요. 한국의 일터에서 이 법을 지키지 않아 일어나는 사고와 질병이 전체 산업 재해의 90퍼센트 정도라고 해요. 이 법을 잘 지켰다면 재해를 입은 10명 중 9명도 건강하고 안전할 수 있었다는 의미여서 매우 안타깝죠.

이 법은 예방만이 아니라 건강을 유지하는 데 필요한 것도 정했어요. 행복한 삶을 위해 일하는데 일할수록 아프고 병이 든다면 어떻겠어요. 현재 질병이 없거나 특별히 아프지 않은 사람도 1년에 한 번 이상 건강검진을 하고, 심리 상담과 체육 시설 등 건강을 돌보는 데 필요한 서비스를 지원해야 한다고 정했어요.

「산업재해보상보험법」은 재해를 당한 사람이 잘 치료하고 일터와 일상생활로 돌아올 수 있도록 돕기 위해 만든 법이에요. 회사는 이 법에 따라 보험료를 낼 의무가 있고, 정부는 이 돈으로 아픈 노동자가 돈 걱정 없이 잘 치료할 수 있도록 아낌없이 지원해야 해요.

아플 땐 치료에만 집중할 수 있도록 치료비는 물론 생활비도 지원해야 한다고 정했어요. 혼자 일상생활을 하기 어려운 정도라면 병간호에 필요한 비용과 사람을 지원해야 해요. 치료가 잘됐다고 생각해 일터로 돌아왔는데 다시 아프다면 다 나을 때까지 또다시 지원받을 수 있어요. 만일 이전에 하던 일을 계속하기 어려운 정도의 건강 상태라면 다른 일로 바꿔 주거나 좀 더 쉴 수 있도록 해야 해요. 일하는 사람이 얻은 질병은 자신이 하는 일에서 비롯되기 때문에 치료한 후에도 다시 아플 수 있거든요.

또, 안타깝게 사고나 질병으로 사망한 경우 장례비를 지원하고, 사망한 사람의 가족에게 보상하도록 정하고 있어요. 갑작스럽게 가족을 잃은 슬픔을 위로하고, 사망한 노동자에게 생계를 의존하던 가족의 막막함을 보살펴야 할 의무가 있기 때문이죠.

이렇게 아프거나 다친 사람의 치료와 일상 회복을 돕고 보상하는 고마운 법이지만 아쉬운 점이 있어요. 자신이 하던 일로 인해 아프고 다쳤다는 확인을 근로복지공단에서 먼저 받아야 한다는 점이에요. 노동 재해산업 재해, 산재라고 인정을 받지 못하면 지금까지 이야기한 지원을 하나도 받을 수 없어요. 치료비 걱정에 제대로 쉬지 못하거나 일을 할 수 없어 생계가 곤란한 노동자가 많은 이유죠. 이런 문제점을 인식해서 아픈 사람이 치료에 전념하도록 먼저 지원하고, 일과 관련이 있는지는 나중에 따져 보는 나라가 많아요. 한국은 이 과정을 반대로 하고 있어요. 다치고 아픈 노동자에게 도움이 되는 든든한 법이 되려면 먼저 지원하고 나중에 확인하는 식으로 순서를 바꿀 필요가 있어요.

23. 화장실 만드는 것도 법으로 정하나요?

여러분은 혹시 주변에 화장실이 없거나 화장실 칸이 모자라 곤란을 겪은 일이 있나요? 혹은 바깥 활동 중에 화장실이 너무 더러워서 꾹 참고 집에까지 간 적은 없었나요? 학생이라면 쉬는 시간 10분이 너무 짧아 곤란을 겪은 적도 있을 것 같아요. 반 이동 수업 중 화장실을 이용하거나 생리대를 갈아야 할 때 10분은 매우 빠듯한 시간이었을 테니까요.

매일 매일 이런 일을 겪는다면 어떨까요? 자연스럽게 일어나는 생리적인 현상을 해결하지 못해 겪는 고통이 무척 클 거예요. 건강에도 해롭고요. 이런 문제로 고통을 호소하는 노동자가 많다고 해요. 사람에게 가장 기본적인 위생과 건강 문제를 제대로 돌보려면 일터에 화장실을 만드는 기준을 노동법에 정할 필요가 있어요.

기준을 정할 때는 화장실이 개인의 위생과 건강에 영향을 미치는 중요한 공간이라는 생각이 필요해요. 단순히 용변만 보는 곳이라는 생각에 멈춰 있다면 더 나은 환경을 만들기 어려우니까요. 우선 화

장실 개수가 충분해야 편리하게 이용할 수 있을 거예요. 건물이 다 지어진 후에는 추가하기 어려우니 건물을 설계할 때부터 화장실을 만드는 기준이 있어야 해요. 누가 주로 이 건물을 이용하는지, 몇 명이 일하는지, 여성과 남성의 비율이 어느 정도인지를 생각해야겠죠. 예를 들어, 백화점 건물을 짓는다면 고객만 생각할 것이 아니라 그곳에서 일하는 사람을 함께 염두에 두어야 해요. 또, 여성의 화장실 이용 시간이 남성보다 길다는 통계를 활용해서 성별에 따른 화장실 크기와 변기 개수도 고려해야 해요. 여성 화장실 앞에만 유독 긴 줄은 성별 이용 습관을 고려하지 않고 만들어서 일어난 일이니까요.

　위치도 중요해요. 1층에서 일하는데 화장실이 4층에만 있거나 건물 밖으로 한참 나가야 한다면 이용이 쉽지 않을 거예요. 철도 기관사의 경우 역 플랫폼에 화장실이 있다면 정차할 때 이용이 쉽겠죠. 화장실 위치는 내가 일하는 곳에서 50미터 이내에 있어야 편리하게 이용할 수 있다고 해요. 아무리 멀어도 100미터를 넘으면 안 되고요.

개수, 위치와 함께 중요한 것은 화장실 이용 시간이 충분한가예요. 학교의 급식 조리사는 화장실을 이용하려면 작업복을 갈아입어야 해요. 음식을 다루는 일이라 위생이 무척 중요하기 때문이죠. 작업복을 갈아입을 시간까지 살피지 않는다면 맘 놓고 이용하기 어려울 거예요.

이 외에 냉난방과 환기 시설, 보안장치, 화장지와 비누, 어린이용 시설, 영유아 동반자를 위한 시설 등 고려해야 할 것이 많아요. 학습지 교사, 가전 수리 기사, 배달 기사 등 집마다 찾아다니며 일하는 이동노동자, 장애인, 성소수자 등 화장실이 있어도 이용이 어려운 노동자를 위한 고민도 필요하고요.

화장실은 개인이 알아서 챙겨야 할 일이라 생각해 그동안 그와 관련해 법·제도를 만드는 일에 너무 소홀했어요. 그 결과 화장실을 제때 이용하지 못해 방광염을 감기처럼 달고 사는 노동자도 많고요. 공중화장실 만드는 법을 고친 후 고속도로 휴게소 화장실이 몰라보게 좋아진 것처럼, 일하는 사람을 위한 화장실 만드는 법의 제정을 서두를 필요가 있어요.

21. 덥거나 추운 곳에서 일하는 사람을 위한 법이 있나요?

　언제부턴가 여름이 다가오면 형형색색의 커다란 파라솔이 횡단보도 근처에 등장해요. 여러분도 한 번쯤 이용해 봤을 것 같아요. 신호등을 기다리는 동안 더위를 피할 수 있는 무척 고마운 존재죠. 횡단보도뿐 아니라 시민이 많이 오가는 장소에도 하나둘 늘고 있어요. 거리 곳곳에 햇빛 가림막을 설치하면 시민 건강 관리에 도움이 되기 때문이죠. 후끈거리는 도로 위에서 일하는 노동자에게도 햇빛 가림막 같은 쉼터가 있을까요?

　노동법에는 냉방과 난방 시설을 갖춰 더위와 추위 속에 일하는 사람의 건강을 잘 보살펴야 한다고 정했어요. 너무 덥거나 추울 때는 무리하게 일하다 병나지 않도록 쾌적한 휴식 공간에서 쉴 수 있어야 하죠. 폭염과 혹한이 길게 이어져 일하기 어려울 때는 쉴 수 있어야 하고요. 그런데 이런 규정은 모든 회사에서 의무적으로 지켜야 하는 게 아니어서 더위나 추위와 싸우며 일하는 노동자가 많다고 해요.

　예를 들어, 정부는 하루 최고 기온 35도가 2일간 계속될 때, 도로

 등 바깥에서 일하는 사람은 1시간 일하고 15분 쉬어야 한다고 안내해요. 그런데 안내로만 그치기 때문에 실제로 지켜지는 경우가 드물다고 해요. 도로 위에서 작업하는 사람은 도로 혼잡을 조금이라도 줄여야 한다는 생각에 쉬지 않고 서두르기 마련이잖아요. 반드시 쉬도록 정하지 않는다면 노동자가 알아서 쉬기는 쉽지 않을 거예요. 또, 1시간 일하고 15분 쉬는데 쉼터가 멀리 있다면 소용이 없을 거예요. 15분이라는 시간도 충분하지 않은데 뜨거운 도로 위에서 쉰다면 쉬나 마나니까요.

 무엇보다 이런 미흡한 기준이나마 실내에서 일하거나 이동하면서 일하는 사람에게는 해당이 안 돼요. 2021년 겨울, 영하 11도의 추위에도 핫팩 하나로 견디며 일하던 노동자가 쓰러져 사망한 안타까운 사고가 있었어요. 택배를 분류하는 대형 창고에서 일했는데 난방이 잘 안 됐다고 해요. 난방 시설 기준이 없다는 핑계로 회사가 소홀했던 거예요. 이 외에 청소, 급식 조리, 오토바이 배달 등을 하는 노동자도 더위와 추위로 고통 받지 않도록 살펴야 하는데 시설 설치 기준이 허술해요.

더위 속에 일하다 병을 얻은 노동자가 2016년에서 2020년 사이 156명이고 이 중 26명은 사망했다는 보고가 있어요. 추위로 병을 얻은 노동자는 44명이고요. 이 수치는 노동 재해로 인정받은 경우만 해당하고 전문가들은 이보다 더 많은 노동자가 더위와 추위로 건강을 잃었을 것으로 추정해요.

더위와 추위는 사망에도 이르게 할 정도로 일하는 사람의 안전과 건강을 위협하는 큰 위험 요인이에요. 따라서 더위와 추위를 피해 건강을 보살필 수 있도록 필요한 법과 제도를 좀 더 꼼꼼하게 만들어야 해요. 실외건 실내건 일하는 시민 모두가 더위와 추위에서 안전하고 건강할 수 있도록 말이에요.

25. 노동자 참여권이 뭐죠?

모든 학교를 대상으로 아동 총회를 실시하여 아동 권리 교육을 실시하고 더 많은 아동들의 참여권을 보장해 주세요!

2020년 대한민국 아동총회에서 채택한 결의문 중 일부예요. 대한민국 아동총회는 2004년부터 매년 전국의 아동 대표가 모여 열고 있어요. 여러분의 삶에 영향을 끼치는 모든 사회 문제를 살펴 의견을 낸다고 해요. 정부는 여러분이 결정한 것을 정책에 반영하기 위해 애쓸 의무가 있고요. 이처럼 여러분의 삶에 영향을 끼치는 중요한 일을 살펴 의견을 내고, 결정에 참여할 수 있도록 보장하는 것을 참여권이라고 해요. 학교 자치 활동, 아동·청소년 참여위원회 등이 참여권을 보장하기 위한 제도라 할 수 있어요.

노동법에는 일터의 안전과 일하는 사람의 건강을 위해 참여권을 보장해야 한다고 정했어요. 여러분에게 필요한 것이 무엇인지는 여러분이 가장 잘 아는 것처럼, 일터에 필요한 것은 노동자가 가장 잘 알기 때문이죠.

  예를 들어, 노동법에는 노동자와 회사 관리자가 같은 수로 참여하는 위원회산업안전보건위원회를 운영해야 한다고 정했어요. 어떻게 하면 일터를 더 안전하게 가꿀 수 있을지 의견을 나누고, 중요한 결정을 함께 하기 위한 것이죠. 감독관명예산업안전감독관을 둬야 한다고도 정했어요. 감독관은 위험을 발견해 예방하는 일뿐 아니라 사고가 일어났을 때 원인을 알아내고 처리하는 모든 과정에 참여가 보장돼요. 또, 미리미리 위험한 것을 찾아내고 예방하는 일에 노동자 대표가 참여해야 한다고 정했어요. 노동자 대표는 투표로 뽑거나 노동조합이 있을 땐 노동조합에서 참여해요.

  전기 작업을 예로 들어 볼까요? 전기 작업은 감전 사고의 위험이 있어요. 일하기 전 반드시 두꺼비집전류를 차단하는 퓨즈가 내장된 안전장치을 내려 전기가 흐르지 않도록 해야 감전 사고를 예방할 수 있죠. 전

기선을 벗기는 작업을 할 때는 칼처럼 날카로운 도구를 써야 해서 베일 수 있어요. 안전한 도구와 장갑이 있다면 베일 염려가 없겠죠. 더 안전하게 작업하기 위해 두 명이 함께 할 필요가 있다면 회사에 적극적으로 요구할 수 있어요. 둘일 때 힘든 일을 나눌 뿐 아니라, 위험을 알아차리고 빨리 대처할 수 있어 훨씬 안전하니까요. 이처럼 모든 작업을 하기 전 노동자가 적극적으로 참여해 어떤 위험이 있을지 미리 알아내고 준비한다면 더 안전하게 작업할 수 있어요.

아쉬운 점은 노동자의 참여를 보장하는 제도가 아직 큰 회사에만 의무라는 거예요. 작은 회사라고 위험이 적지는 않은데도 말이죠. 작은 회사의 노동자 참여권은 어떻게 보장할 수 있을지 더 많은 고민이 필요해요. 무엇보다 노동자 참여가 일터를 더 안전하게 한다는 생각으로 회사도 지금보다 적극적으로 나서고, 정부도 도움이 되는 법과 제도를 만드는 데 더욱 힘써야 해요.

26. 중대재해처벌법은 어떤 법인가요?

광염狂焰에 청년이 사그라졌다.
그 쇳물은 쓰지 마라.
……
한이고 눈물인데 어떻게 쓰나.
……

— 제페토, 「그 쇳물 쓰지 마라」

2010년 충청남도 당진의 한 제철소에서 펄펄 끓는 용광로 속으로 떨어져 사망한 노동자를 추모한 시예요. 떨어지는 걸 막는 가장 기본적인 안전장치만 있었어도 일어나지 않았을 안타까운 사고였죠. 하지만 이 사건 후에도 아파트를 짓던 노동자가, 배를 만들고, 높은 건물의 창을 닦고, 에어컨을 수리하던 노동자가 떨어져 죽는 일이 반복됐어요. 왜 이런 일이 멈추지 않는 걸까요? 여러 이유가 있겠지만 그중 하나는 회사가 법을 지키지 않아 사람이 죽어도 그 책임이 솜

털처럼 가벼웠기 때문이에요.

영국은 법을 어긴 기업에 높은 벌금을 매기는 법을 만든 후에 노동자가 죽는 일이 줄었다고 해요. 안전에 소홀한 결과 일어난 사고는 살인과 마찬가지라는 의미에서 법 이름도 '기업살인법'이에요. 2007년에 만들었어요. 벌금을 한국과 비교해 보면 그 차이가 어느 정도인지 알 수 있을 거예요.

2008년 영국에서 3.5미터 구덩이에서 토양 샘플을 채취하던 노동자가 흙이 무너져 질식해 숨진 사고가 있었어요. 영국 법원은 이 사고에 회사의 책임이 크다고 판단해 6억 원이 넘는 벌금을 부과했어요. 비슷한 시기 한국의 한 냉동 창고에서 불이 나 40명이 숨졌을 때, 예방을 소홀히 한 책임이 있는 회사는 고작 2,000만 원의 벌금만 냈어요. 노동자 1명의 죽음에 벌금 50만 원을 매긴 것이죠. 사람의 목숨을 돈으로 치를 수는 없지만 6억 원과 50만 원의 차이는 노동자 안전과 생명에 대한 인식 차이를 상징적으로 보여 주죠.

한국에서는 1년에 2,000명 가까운 노동자가 노동 재해로 사망해도, 가습기 살균제 참사로 시민 1,725명이 사망2021년 기준해도, 세월호 참사로 시민과 학생 304명이 사망2014년해도 기업은 제대로 책임지지 않았어요. 기업은 누가 사용해도 안전한 제품을 만들고, 누구라도 안전한 환경에서 일할 수 있도록 최선을 다할 의무가 있는데 말이죠. 또, 의무를 다하지 않아 시민과 노동자가 죽었다면 그에 합당한 처벌

을 해야 하는 것은 당연하고요. 그런데 지금 있는 법으로는 기업의 책임을 제대로 물을 수 없었어요. 영국의 기업살인법 같은 법이 한국에도 필요하다고 생각하는 사람이 생겼죠. 이런 생각을 가진 시민이 모여 만든 법이 「중대재해처벌법」이에요.

시민들은 2020년 9월 '국민 동의 청원' 운동을 벌였어요. 10만 명의 서명을 받으면 국회에 법을 만들라고 요구할 수 있기 때문이죠. 한 가수는 10년이 흘러도 바뀌지 않는 현실을 안타깝게 생각해 제페토의 시를 노래로 만들었어요. 여러 사람에게 '그 쇳물 쓰지 마라 함께 부르기'를 권유하며 서명 운동에도 힘을 보탰죠. 시민들이 함께 노력한 결과 10만 명의 서명이 모였고, 청원을 할 수 있었어요. 청원 이후에도 국회에서 빨리 법을 만들도록 관심을 놓지 않았고, 마침내 2021년 1월 26일 법이 만들어졌어요.

「중대재해처벌법」은 이렇게 시민과 노동자의 희생을 기억하고, 더는 누군가의 죽음이 일어나지 않았으면 하는 간절한 마음이 모여 만들어졌어요. 이제 막 출발한 법이라 부족한 점도 많지만, 기업이 추구하는 이윤보다 일하는 사람과 시민의 안전을, 생명을, 가장 먼저 생각하는 계기가 되길 바라고 있어요.

일하는 사람 모두를 위한 법

27. 사회보장제도가 뭐예요?

우리는 모두 사회의 일원으로서 사회보장제도에 대한 권리를 가진다. 각 나라의 구조와 자원에 따라서 또한 국제 협력을 통해서 사람답게 살 수 있는 권리를 실현할 수 있다. ＿ 세계인권선언문 제22조, 국제엠네스티 한국 지부

  사회보장제도는 여러분이 행복한 삶을 가꿔 갈 수 있도록 만든 제도를 뜻해요. 각 나라와 국제 사회는 튼튼한 사회보장제도를 마련하기 위해 힘써야 해요. 누구나 안전하고 건강하게 생활하고, 예기치 못한 불행한 일이 닥쳤을 때 충분한 지원을 받을 권리가 있으니까요.
  일하는 사람을 위한 사회보장제도에는 4대 보험이 있어요. 4대 보험은 국민연금, 건강보험, 고용보험, 산재보험을 함께 부르는 말이에요. 개인이 알아서 가입하고, 보험사가 관리하는 민간 보험과 달라서 국가가 책임지고 관리하는 보험이죠. 그래서 사회 보험이라고도 불러요.
  사회 보험은 회사가 반드시 가입해야 해요. 산재 보험료는 회사가

모두 내고, 다른 보험은 노동자와 함께 나눠 내요. 소득이 적어 보험료를 내기 어려운 회사와 노동자가 있다면 정부에서 일부 지원하죠. 일하는 사람 모두가 가입할 수 있도록 소득이 많은 사람과 회사는 좀 더 많이 부담하고, 그렇지 않은 경우는 부담을 줄여 주는 것이죠.

  4대 보험 중 국민연금은 노후 소득을 책임지고, 건강보험은 평소 건강 관리와 병원 치료비를 책임져요. 고용보험은 직업을 갖는 데 필요한 교육비를 지원하죠. 일자리를 잃었을 때는 직업을 구할 때까지 생활비를 지원하고요. 산재보험은 노동자가 안전하게 일할 수 있도록 회사의 예방 활동을 지원해요. 노동자가 다치거나 병을 얻었을 때 치료와 재활을 돕고요.

사회 보험이 이렇게 중요한 역할을 하지만 부족한 점도 많아 계속 고쳐 가고 있어요. 일하는 사람이라면 누구나 4대 보험에 가입하고 혜택을 누려야 하는데 그러지 못한 사람이 많거든요. 비정규직 노동자, 플랫폼 노동자, 프리랜서, 특수 고용 노동자, 문화예술인 등은 다른 권리뿐 아니라 4대 보험을 제대로 보장받지 못해요.

예를 들어, 코로나 19 팬데믹 상황에서 일자리를 잃은 자영업자와 노동자를 위해 전 국민 고용보험을 도입하기로 한 것은 반가운 변화예요. 또, 그동안 제 기능을 하지 못하던 상병수당 제도를 잘 활용해 보기로 한 것도 눈에 띄는 변화예요. 상병수당 제도는 산재에 해당하지 않아도 건강보험에서 지원받아 아플 때 쉴 수 있는 제도예요. 산업 재해 인정을 받지 못하면 일하다 아플 때 쉴 방법이 잘 없었거든요. 건강보험은 모두가 가입하고 있어서 상병수당 제도를 잘 활용하면 누구나 생계 걱정 없이 아프면 충분히 쉴 수 있어요. 돈 걱정 없이 쉴 수 있게 국가가 소득을 지원하기 때문이죠.

이렇듯 일하는 사람 누구나 생계 걱정 없이 평등하고 행복한 삶을 누리기 위해서는 사회보장제도를 더 튼튼하게 갖춰야 해요. 우리는 서로 연결된 삶을 살고 있고, 서로의 삶을 함께 책임질 의무가 있으니까요.

28. 비정규직 노동자를 위한 법이 있나요?

비정규직 노동자는 자신이 원할 때까지 안정적으로 일할 수 있는 정규직 노동자와 구별하는 말이에요. 예를 들어 도서관이나 카페에서 3개월, 10개월 또는 2년까지만 일하는 노동자, 하루 3시간이나 일주일 15시간만 일하는 노동자 등을 비정규직 노동자라 불러요. 기간을 정해 일하면 기간제 노동자, 짧은 시간 일하면 단시간 노동자라고 해요.

비정규직에는 기간제와 단시간 노동자 외에 건설 현장이나 귤 농장에서 하루씩 일하는 일용직 노동자도 있어요. 나를 고용한 회사가 아닌 다른 회사에 가서 일하는 파견직 노동자도 있고요. 또, 학습지 교사와 골프장 캐디처럼 노동자인데 사장으로 구분하는 특수고용 노동자도 있어요. 부르는 이름도 매우 많고 그 수도 해마다 늘고 있죠. 20여 년 전만 해도 정규직이 다수였고 비정규직은 아주 일부였어요. 지금은 3명 중 1명이 비정규직이라 할 정도로 많은 변화가 있었죠.

비정규직이 늘면서 생긴 문제는 노동자가 누려야 할 권리가 줄어

 들었다는 거예요. 비정규직으로 일한다 해서 정규직 노동자와 아주 다른 일을 하는 건 아닌데 말이죠.

 카페를 예로 들어 볼게요. 이전엔 정규직이 8시간 했던 일을 비정규직이 4시간씩 시간을 나눠서 해요. 어떤 사람은 월, 수, 금 오후에 4시간, 어떤 사람은 화, 목 저녁에 4시간을 일하는 식이에요. 일하는 시간과 기간이 들쑥날쑥해서 같은 카페에서 일하지만 서로 얼굴도 모르는 경우도 많아요. 수시로 사람이 바뀌니 함께 일하는 직장 동료라는 생각도 희박할 수밖에 없죠. 어려운 일이 있을 때 함께 맞서기도 어려워요. 무엇보다 아무리 오래 일해도 경력을 인정해 주지 않아 최저 시급을 벗어나기 어렵고요.

2021년 8월 통계청 자료에 따르면 정규직의 월 평균 임금이 344만 원인 데 비해 비정규직은 정규직과 동일한 시간을 일해도 180만 원 이래요. 한 달 임금이 정규직의 52.3퍼센트, 절반 정도인 셈이죠. 정규직이 아니라고 권리도 반만 누려야 하는 걸까요?

비정규직 보호법에는 비정규직이라는 이유로 임금을 차별하면 안 된다고 정하고 있어요. 임금 격차는 행복한 일상을 누리는 데 걸림돌이 되기 때문이죠. 프랑스, 스페인, 호주처럼 임금 격차를 없애기 위해 '비정규직 평등수당'이라는 이름으로 정규직보다 시급을 더 높게 주는 나라도 있어요. 일을 그만둘 때 '계약 종료 수당'을 주는 나라도 있고요. 한국은 그럴 거면 왜 회사에서 비정규직으로 고용하느냐는 인식이 크죠. 그런데 다른 나라에서 이렇게 하는 이유는 정부와 회사가 노동자의 안정적인 생활을 위해 책임을 다해야 한다는 인식이 크기 때문이에요.

한국의 「헌법」과 노동법에 정한 중요한 원칙 역시 일하는 사람 누구도 임금, 노동 시간, 휴가, 안전, 모이고 집단행동할 권리 등을 차별받지 않아야 한다는 것이에요. 비정규직 노동자를 위한 법은 비정규직이라는 이유로 차별하면 안 된다는 것을 더욱더 강조하기 위해 만든 것이에요. 이 원칙은 반드시 지켜져야 해요.

29. 가사노동자법은 왜 따로 만들었어요?

한국의 「가사노동자법」은 2021년 5월에 만들었어요. 그전까지 가사 노동자는 노동자가 누려야 할 권리를 제대로 누리지 못했죠. 일하는 사람을 위한 노동법이 있는데 왜 「가사노동자법」을 따로 만들었을까요? 가장 큰 이유는 「근로기준법」에 정한 기준을 바꾸지 못했기 때문이에요. 「근로기준법」을 만들 때 '가정에서 고용하는 사람에게는 이 법을 적용하지 않는다'고 정했는데 68년이 넘도록 바뀌지 않았거든요.

「근로기준법」은 1953년에 만들었어요. 이 법을 만들 당시는 전쟁통이었죠. 머물 곳이 마땅치 않은 사람과 생계가 막막한 사람들은 남의 집 일을 하며 먹고사는 문제를 해결했어요. 가정마다 매우 흔한 풍경이기는 했지만, 개인이 가정에서 시키는 일에 노동법을 지키라고 정하기 어려웠죠. 노동법을 지키라고 한들 가정마다 잘 지키는지 감시하기 어려운 이유도 있었고요. 법의 사각지대에서 가사 노동자에 대한 대우는 열악할 수밖에 없었어요. 낮은 임금뿐 아니라 하인 부

리듯 하여 인권을 침해하는 사건도 끊이지 않았다고 해요.

이후에도 오랫동안 다른 사람 집에서 일하며 의식주를 해결하는 사람이 많았어요. 특히 일할 곳이 마땅하지 않았던 15~19세 여성 청소년이 남의 집에 살면서 부엌일과 청소, 빨래 등을 도맡아 했어요. 1969년 한 신문사의 설문 결과에 따르면 서울의 가정은 두 집 중 한 곳에서 '식모'를 뒀다고 하니까요. 가사 노동을 직업으로 삼는 사람이 늘고, 부르는 이름도 '가정부', '파출부', '가사 도우미', '가사 관리사'로 바뀌었지만, 노동자로 대우받지 못하는 현실은 변하지 않았어요.

가사 노동자는 이런 현실을 바꾸기 위해 꾸준히 목소리를 높여 왔어요. 가사노동의 가치를 인정하고 「근로기준법」을 바꿔야 한다고 싸워 왔죠. 하지만 좀처럼 바뀌지 않았어요. 한국은 변화가 없었지만 '가사노동자법'을 만드는 나라가 하나둘 생기기 시작했어요. ILO는 2011년 가사 노동자를 위한 양질의 일자리 협약을 채택했고, 6월 16일을 국제 가사 노동자의 날로 정했죠. 한국의 「가사노동자법」은 무엇보다 가사 노동자의 오랜 희생과 싸움으로 만들어진 법이어서 큰 의미가 있죠. 당당하게 노동자로 대우받기까지 68년의 세월을 싸워 이룬 것이니까요.

　오랜 염원 끝에 「가사노동자법」이 만들어졌지만 아쉬운 점도 있어요. 가사 노동자가 노동법 중 일부만 누릴 수 있게 정했기 때문이죠. 「근로기준법」에는 '가정에서 고용하는 사람에게는 이 법을 적용하지 않는다'는 내용이 여전히 남아 있어요. 이 기준을 그대로 둔 채 가사 노동자가 일하는 사람의 권리를 오롯이 누릴 수 있을지 함께 생각해 봐요.

30. 이주노동자는 원하는 곳에서 일할 수 없나요?

우리가 살펴본 모든 노동법은 이주노동자도 당연히 누려야 할 법이에요. 국제인권법뿐 아니라 「헌법」과 「근로기준법」에는 국적을 이유로 차별하지 않아야 한다고 정하고 있기 때문이죠.

회사는 노동자의 성별, 국적, 신앙 또는 사회적 신분이 다르다는 이유로 차별 대우를 하면 안 된다. __ 쉽게 쓴 근로기준법 제6조

사람들은 2003년 8월에 생긴 「외국인고용법」이 있어 우리나라에 이주노동자를 위한 법이 따로 있다고 생각하는 것 같아요. 엄밀히 말하면 이 법은 이주노동자를 위한 법이라고 부르기 어려워요. 이주노동자의 권리를 보장하는 내용보다 회사에서 이주노동자를 어떻게 관리할 것인지를 정한 내용이 더 많기 때문이죠. 그중 대표적인 게 고용허가제예요.

고용허가제는 회사가 어떤 일에 얼마 동안 이주노동자를 고용하겠

다고 신청하면 정부가 허가해 주는 제도예요. 이주노동자는 이렇게 허가받은 회사에서만 일할 수 있어요. 기간은 3년을 넘지 않게 정하고, 때에 따라 2년 내에서 더 연장할 수 있어요. 만약에 다른 일터로 옮기고 싶을 땐 사장의 허락을 받아야 해요. 옮길 수 있는 횟수는 3번까지만 가능하고요. 허락을 받아도 마땅히 갈 곳이 없으면 원래 일하던 데서 계속 일할 수밖에 없어요. 이주노동자를 고용해도 된다는 허가를 받은 회사에서만 일해야 해서 선택의 폭이 좁아요. 일할 곳을 선택하고 이동할 자유가 없는 것과 마찬가지죠.

 이 법이 이주노동자를 위한 법이 되려면 이주노동자가 원하는 곳을 선택해 일할 권리를 보장해야 해요. 회사가 허가를 받는 고용허가제가 아니라 이주노동자가 직접 한국에서 일할 수 있다는 허가를 받는 노동허가제로 바꾸는 것이죠. 노동허가제가 되어 이주노동자가 자유롭게 일터를 이동하고 선택할 수 있다면 권리를 침해당했을 때 더 잘 대응할 수 있어요.

예를 들어, 노동법에는 회사에서 노동자에게 쾌적한 쉼터와 숙소를 제공할 의무를 정하고 있어요. 집다운 집에서 살 권리는 인간다운 생활을 위한 최소한의 권리이기 때문이죠. 그런데 월급에서 숙소를 이용하는 비용을 떼는데도 집다운 집에서 살지 못하는 이주노동자가 많아요. 심지어 열악한 주거 환경 때문에 사망한 일도 있었어요.

2020년 12월, 캄보디아에서 온 노동자가 비닐하우스에서 자다가 사망한 일이 있었어요. 영하 18도의 추운 날씨였는데 논밭 구석에 지어진 비닐하우스는 난방이 잘 안 되었다고 해요. 이 사건을 계기로 실태 조사를 했더니 비닐하우스 숙소뿐 아니라 비닐로 가림막을 친 고무통 화장실, 물이 꽝꽝 얼어 사용하기 어려운 수도 시설 등 사람이 살기에 부적절하고 참담한 환경이 드러났어요. 이주노동자에게 원하는 곳에서 일할 권리가 보장되었다면 이런 말도 안 되는 환경에서 참고 일하지는 않았을 거예요.

누구나 존중받으며 원하는 곳에서 자유롭게 일하는 삶을 꿈꿔요. 여러분이 다른 나라로 이주해서 살 계획이 있을 때도 마찬가지죠. 정해진 곳에서 죽도록 일만 하러 가진 않을 테니까요. 원하는 곳에서 일할 권리, 인간다운 대접을 하는 환경에서 살 권리는 국적이 다르다는 이유로 포기할 수 없는 권리예요.

31. 장애인 노동자에게는 왜 최저임금법을 안 지키나요?

「최저임금법」은 「헌법」에 따라 임금의 최저선을 정한 법이에요. 일하는 사람 누구라도 「최저임금법」에서 정한 최저 임금액 이상을 받아야 하죠. 그런데 「최저임금법」에는 이 원칙을 벗어나도 된다는 예외가 있어요. 그중 하나가 장애인 노동자에게는 최저 임금보다 적게 줘도 된다는 것이에요. 물론 모든 장애인에게 해당하는 것은 아니에요. 비장애인보다 일하는 속도가 눈에 띄게 느리고 작업 결과가 크게 차이 나는 경우에만 해당해요. 회사에서 알아서 판단하면 안 되고, 정부의 허가를 받아야 하고요.

예를 들어, 종이 상자 100개를 접는 데 비장애인이 30분 걸리고 장애인은 50분이 걸리는 경우를 생각해 볼 수 있어요. 이 장애인을 고용하고, 최저 임금을 깎겠다고 정부에 허가를 받는 거예요.

「최저임금법」에 따라 정부가 허가한 장애인은 매년 1만 명 정도라고 해요. 보통은 최저 임금의 30~60퍼센트 수준을 받으며 일한대요. 얼마를 깎아도 되는지는 기준이 없어서 한 달에 5만 원을 받고 일하

　는 장애인 노동자도 있다고 하고요. 법에 정한 최저 임금을 깎는 것도 문제지만 이 정도 임금으로는 생계를 유지하는 것도 어려워요. 또, 이마저도 중증장애인 열 명 중 두 명만 얻는 기회라고 하니 나머지는 어떤 생활을 할까요?

　원하는 일을 하며 생계를 꾸리고 싶은 것은 장애인과 비장애인이 다르지 않을 거예요. 장애가 있든 없든 차별 없이 권리를 보장하도록 노동법을 만든 것이고요. 그런데 그동안 비장애인 위주로 만들어진 노동법은 장애인의 권리를 온전히 보장하지 못했어요. 최저 임금을 깎아도 된다는 식으로요. 이렇게 법에서조차 소외시키는 것은 장애인을 노동과 무관한 사람들로 여겼기 때문이에요. 장애인에게 적합한 일자리를 만들고, 적정한 임금을 보장하고, 이동과 생활이 편리한 일터를 만드는 일은 늘 뒷전이었죠.

장애인의 오랜 싸움 결과 「장애인고용법」이 1990년에 만들어졌어요. 장애인 고용을 늘리기 위해 회사와 국가, 지방 자치 단체에서 해야 할 역할을 정한 법이죠. 회사에서 장애인을 의무적으로 고용해야 하는 비율도 정했어요. 하지만 30년이 지나도록 직원의 3퍼센트를 넘기는 회사가 드물다고 해요. 고용할 장애인이 없어서가 아니라 장애인이 원하는 곳에서 적정한 임금을 받으며 일할 수 있는 환경이 부족한 탓이 커요. 휠체어를 이용하는 장애인이라면 계단과 급격한 경사로, 각종 방지 턱, 이용이 불편한 버스와 지하철 등 출퇴근길부터 험난하니까요. 장애인이 편하게 이동하며 시설을 이용하기에 어려운 일터 환경, 교육 기회와 직업 선택권이 제대로 보장되지 않는 것, 최저 임금을 깎는 법이 모두 장애물이죠.

장애인 인권 운동을 하는 사람들은 장애인의 권리를 줄이는 방식이 아니라 장애인을 고용한 개인 회사에 혜택을 주는 등의 다른 접근을 해 보자고 해요. 국가와 지방 자치 단체에서 책임지고 장애인 일자리를 만드는 것이죠. 예를 들면, '유엔 장애인 권리 협약'에 정한 장애인의 노동권을 알리는 활동이 장애인의 직업 중 하나가 될 수 있다고 해요. 장애인 인권을 옹호하는 강의와 예술 활동도 있고요.

「헌법」에서 보장하는 적정한 임금을 받을 권리가 장애인이라고 예외일 수 없어요. 비장애인의 속도만 생각할 것이 아니라 장애인의 속도에 법과 제도를 맞출 필요가 있어요. 함께 어울려 사는 사회를 꿈꾼다면 말이죠.

> 장애인의 오랜 싸움 결과 「장애인고용법」이 1990년에 만들어졌어요. 장애인 고용을 늘리기 위해 회사와 국가, 지방 자치 단체에서 해야 할 역할을 정한 법이죠.

32. 플랫폼 노동자의 사장은 누구예요?

 플랫폼 노동자는 디지털 플랫폼에서 일감을 구해 일하는 노동자예요. 한 회사에 출퇴근하지 않고 웹 사이트나 모바일 앱 같은 디지털 플랫폼에 접속해 일하죠. 자신의 핸드폰과 노트북 안에 회사가 있어요. 접속하면 출근이고, 끊으면 퇴근이에요. 비대면 온라인 수업을 할 때 접속하는 것이 곧 등교인 것처럼요.
 그런데 학생은 한 학교에 다니지만, 플랫폼 노동자는 한 회사에만 다니지 않아요. 여러 회사의 일을 동시에 맡아 할 수도 있거든요. 주변에서 만나는 음식 배달 노동자, 퀵서비스 기사, 가사 노동자, 웹툰 작가, 웹 소설가 등이 대표적이에요. 점점 더 많은 직종에서 플랫폼 노동자가 생겨나고 있고요.
 플랫폼 노동자가 늘어나는 건 디지털 기술이 발달한 영향이 커요.

예를 들어, 이전에는 음식을 만든 곳에서 배달 노동자를 직접 고용했죠. 우리가 치킨을 주문하면 치킨 가게에 고용된 노동자가 배달해 줬어요. 지금은 배달 앱으로 주문하고, 주문할 때마다 배달 노동자가 달라지기도 해요. 한 명의 노동자가 어떨 땐 치킨, 어떨 땐 족발이나 샌드위치를 배달하거든요.

플랫폼 노동자가 하루 중 일하는 시간은 제각각이고 얻는 수입도 천차만별이래요. 최저 임금 기준도 없고, 하루 노동 시간 기준도 없

나는 누구인가?

어요. 추위나 더위도 알아서 피하면서 일해야 하죠. 아파서 일을 못 하면 개인 책임이래요. 충분히 쉴 수 있는 휴가를 주는 회사가 있는 게 아니니까요. 회사에 이익을 가져다주는 노동자는 있는데 책임지는 회사가 없다니 이상하죠?

플랫폼 노동자에게 노동법이 지켜지려면 책임을 져야 할 사장이 누구인지 정해야 해요. 어떤 사람에게 일을 시키고 이득을 얻었다면 누구라도 그에 맞는 책임을 질 수 있도록요. 노동법은 사장과 노동자 관계에서 일어나는 일을 정한 것이에요. 그런데 플랫폼 노동자의 사장이 누구인지가 좀 모호해요. 치킨집 사장일까요? 배달 앱 사장일까요?

플랫폼 노동자, 프리랜서, 특수 고용 노동자, 1인 회사 사장 등 부르는 이름이 어떻든 자신의 노동을 통해 생계를 꾸려 가는 사람들이에요. 그런데 노동법에 정한 권리는 온전히 누리지 못하고 있죠. 그래서 이제는 일하는 사람을 위한 기본법을 만들자고 제안하는 사람들이 있어요. 일하는 사람이라면 누구든 누려야 할 기본권을 정하는 것이죠. 또, 누군가의 노동으로 인해 이익을 얻는 사람은 어떤 책임을 져야 하는지 정하는 것이죠. 그렇게 되면 플랫폼 노동자의 권리를 보장해야 할 사장이 여럿일 수 있겠죠.

일하는 사람을 위한 기본법을 만든다면 새로운 형태로 일하는 노동자가 생길 때마다 노동법을 따로 만들 필요가 없을 거예요. 노동법이 따로 만들어질 때까지 권리를 포기할 일도 없을 테고요. 「헌법」에서 보장하는 존중을 받으며 일할 권리, 안전하고 건강한 일터에서 일할 권리, 적정한 임금을 보장받으며 일할 권리, 원하는 일을 선택할 권리, 일을 못 할 때도 안정적인 생활을 할 수 있는 권리, 뭉쳐서 자신들의 권리를 위해 싸울 권리 등은 일하는 사람이라면 누구나 차별 없이 누릴 수 있어야 하니까요.

6.
세상을 가꾸고 바꾸는 법

33. 노동자를 위한 법은 누가 만들고 고치나요?

입법권은 국회에 속한다. __「헌법」제40조

　법을 만드는 국가기관은 국회예요. 「헌법」 제40조에 "입법권은 국회에 속한다."고 정했거든요. 「근로기준법」, 「노동조합법」, 「최저임금법」 등 모든 노동법은 국회를 거쳐 만들거나 고쳤어요.
　노동법을 만들려면 정부와 국회의원이 법률안을 마련해 국회에 보내요. 국회에서는 이 법률안이 일하는 사람의 삶을 행복하게 하는 법인지 판단하기 위해 여러 차례 모여 의견을 나누고 심사하죠. 심사한 내용은 다시 시민의 의견을 들어 부족한 부분을 채워요. 법률안을 완성해 국회에서 투표한 후 최종 통과하면 새로운 노동법이 탄생하는 거죠. 고칠 때도 이 과정을 거쳐요. 그런데 정부와 국회만 법을 만들자고 의견을 낼 수 있는 건 아니에요.

모든 국민은 법률이 정하는 바에 의하여 국가기관에 문서로 청원할 권리를 가진다. _「헌법」 제26조

「헌법」 제26조에 따라 주권자인 '모든 국민'은 일하는 사람을 위한 노동법을 만들자고 국회에 입법을 요구할 수 있어요. 입법 방법은 두 가지예요. 하나는 국회의원을 통해 입법을 하는 것이고, 다른 하나는 30일간 10만 명의 국민 동의를 얻어 국회에 입법을 청원하는 거예요. 국민 동의 청원은 개인이 할 수도 있고, 노동 인권 옹호 활동을

노동자를 위한 법들이 태어난 곳이에요.

하는 단체나 노동조합에서 하기도 해요. 예를 들어, 플랫폼 배달 노동을 하는 청소년이 일하는 시민을 위한 기본법을 만들자고 청원하는 거예요. 아주 오래전 만들어진 노동법을 고쳐 소외되는 사람이 없게 하자는 것이죠. 노동법을 포함해 여러분의 삶을 바꿀 중요한 법이 있다면 법을 만들고 고치자고 청원할 수 있어요.

국회의원과 정부의 제안, 청원 등 어떤 방법으로 제안하든 법을 만들고 고치는 일은 국회에서 담당해요. 아쉬운 점이 있다면 아무리 좋고 괜찮은 제안이라도 국회를 통과하지 못하면 법으로 탄생할 수 없다는 것이에요. 노동자가 정말 필요한 법이라고 몇 년을 거쳐 청원해도 빛을 못 보고 사라진 제안이 많아요. 법을 만들자고 제안하는 것만으로는 한계가 있을 수밖에 없죠.

청원 말고 노동자 국회의원, 어린이 국회의원이 직접 법을 만든다면 어떨까요? 어린이 노동을 착취해 이득을 얻는 사람들을 처벌하는 법을 더 강화하고, 어린이 유튜버와 연습생의 행복하고 안전한 노동을 위한 노동법을 더 잘 만들 수 있지 않을까요? 또, 어린이의 공부 시간도 노동 시간처럼 제한하고, 어린이의 직업이 학생이라면 학교에 다니는 동안 의무 교육 수당을 지급하는 법을 제안하고 만드는 건 어떨까요?

31. 시민의 힘으로 만든 노동법이 있나요?

'OOO법'이라고 희생자 이름을 붙인 법을 본 적이 있나요? 법의 원래 이름 대신 이렇게 부르는 이유는 법의 사각지대에서 희생된 사람을 오래 기억하기 위해서예요. 또, 같은 일이 반복되지 않도록 법을 바꿔야 한다는 절박한 마음을 담은 상징 같은 것이죠. 스쿨존에서 교통사고로 희생된 어린이의 이름을 붙인 법이 있고, 악성 댓글(악플)에 시달리다 삶을 등진 유명인의 이름을 딴 법도 있어요. 이런 법은 희생자 가족뿐 아니라 많은 시민이 관심을 두고 나설 때 붙이는 경우가 많아요. 부족한 법을 제대로 고칠 때까지 힘을 모으는 시민들 덕에 법도 바뀌고 더 안전한 사회로 나아가고 있죠.

노동법에도 희생자의 이름을 붙인 법이 있어요. 대표적인 법이 '김용균법'이에요. 원래 법 이름은 「산업안전보건법」이고요. 일하는 사람의 안전과 건강을 위해 일터에서 예방하고 지켜야 할 것을 담은 법이죠. 이 법에 '김용균법'이라고 이름을 붙인 이유는 「산업안전보건법」이 비정규직인 김용균의 죽음을 막기에 부족한 법이었기 때문이

에요.

 김용균은 2018년 12월 10일 충청남도 태안의 화력발전소에서 일하다 숨진 노동자의 이름이에요. 김용균은 어두운 곳에서 혼자 일하다 숨겼어요. 「산업안전보건법」대로 두 명이 한 조가 되어 어둡지 않은 곳에서 안전하게 일할 수 있었다면 김용균은 죽지 않았을 거예요. 그런데 비정규 노동자에게는 이 법을 지키지 않아도 된다고 정한 법 때문에 화력발전소는 김용균의 안전에는 소홀했어요.

 죽음에 이르는 위험한 일을 비정규 노동자에게 떠넘기고도 회사가 아무 책임도 지지 않는 법을 바꿔야 한다는 주장은 오래전부터 있었어요. 화력발전소 노동조합은 아무도 관심을 갖지 않을 때부터 법을 바꿔야 한다고 주장하며 싸워 왔거든요. 김용균이 죽기 전 2016년, 서울 구의역에서 혼자 승강장 안전문을 고치다 사망한 19세 김○○이 숨졌을 때도 법을 고쳐야 한다고 했어요. 구의역 사고 3년 전에도, 그 5년 전에도 비정규 노동자의 죽음을 막으려면 「산업안전보건법」을 고쳐야 한다고 했지만 쉽게 잊혔죠.

김용균의 희생이 있고 난 뒤에는 좀 달랐어요. 더는 미룰 수 없다고 생각한 김용균 가족과 시민들이 힘을 모은 덕분이죠. 국회의원을 찾아가 설득하고, 법을 심의하는 회의가 있는 날에는 회의장 앞을 지켰어요. 더 많은 시민이 알 수 있도록 거리에 나가 알리면서 법을 바꿔야 한다는 강한 의지를 보여 줬어요. 그 결과 「산업안전보건법」의 큰 틀을 바꿀 수 있었어요. 위험한 일을 떼어 내 비정규 노동자에게 맡기지 말라는 내용이 들어갔어요. 비정규 노동자에게도 「산업안전보건법」을 온전히 지켜야 한다는 내용도 들어갔고요. 이렇게 김용균법을 만든 시민들은 「중대재해처벌법」을 만드는 데도 큰 역할을 했어요.

노동법은 국회의원 혼자 뚝딱뚝딱 만드는 것이 아니에요. 노동법의 영향을 받는 누구라도 법을 만들고 고치는 데 힘을 모을 수 있어요. '일하는 사람을 위한 법'을 잘 지키는 사회는 시민의 힘으로 만들 수 있다는 점을 기억하면 좋겠어요.

35. 노동법을 잘 지키도록 살피는 사람은 누구인가요?

1970년 11월 13일 서울 동대문 평화시장에서는 세상을 바꾼 큰 사건이 있었어요. 전태일이 「근로기준법」과 함께 산화한 일이에요. 재단사로 일하던 전태일이 이런 결심을 하게 된 이유가 뭘까요?

먼저 평화시장이 어떤 일터였는지 살펴보면 그 실마리를 발견할 수 있어요. 그 당시 평화시장은 우리나라 사람들이 사서 입는 옷의 75퍼센트 정도가 만들어지는 곳이었다고 해요. 평화시장 2층과 3층에는 공장이 400개나 있었고, 일하는 사람은 1만 명이 넘었어요. 일할 공간이 부족해 1개 층을 다시 2층으로 나눈 어두컴컴한 '닭장 같은' 일터였죠. 옷감과 실 먼지가 풀풀 날렸지만, 환풍기는 하나도 없었고요. 노동자들은 이런 공간에 다닥다닥 붙어 앉아 일주일에 100시간 가까이 일했어요. 일요일에도 쉴 수 없었고요.

당시에도 하루 8시간 일하고 일주일에 하루 이상은 쉬어야 한다는 「근로기준법」이 있었어요. 노동자가 일하는 일터가 안전한지, 노동법이 잘 지켜지는지 관리 감독하는 근로감독관도 있었죠. 전태일은 평화시장 노동자에게 「근로기준법」이 지켜져야 한다고 대통령에게 편지를 보내고, 방송국에도 알렸어요. 근로감독관에게 신고도 했고요. 하지만 어떤 곳에서도 전태일의 목소리에 귀 기울이지 않았어요. 오랜 시간 고군분투하던 전태일은 이렇게 지키지도 않을 법이라면 휴지 조각과 다를 게 없으니 불태워 버리자 생각했죠. 자기 몸을 불살라서라도 노동법을 지키는 사회를 만들고 싶었던 거예요. '근로기준법을 지켜라', '사람은 기계가 아니다'라는 전태일의 외침은 지금까지 사람들의 마음속에 남아 큰 울림을 주고 있어요.

정부에서 법을 잘 지키도록 살폈다면 평화시장 노동자의 노동 환경이 많이 달랐을 거예요. 노동법을 잘 지키는지 감시하는 정부 기관은 고용노동부예요. 지역마다 지역의 이름을 붙인 ○○ 노동지청이 있고, 노동지청마다 경찰관과 같은 역할을 하는 근로감독관이 있어요. 근로감독관이 하는 일은 사장에게 노동법을 잘 지키라고 교육하고, 노동자가 일하기에 안전하고 건강한 환경인지 살피는 것이죠. 법

전태일 1948~1970

을 어기고 임금을 안 준 사장이 있다면 조사해서 바로잡는 역할도 하고요.

그런데 평화시장에는 근로감독관이 오지 않았어요. 법을 지켜야 할 사장 중에 「근로기준법」이 있는 줄 모르는 사람도 많았고, 노동자 역시 자신들이 누려야 할 권리를 「근로기준법」에서 정하고 있다는 것을 몰랐죠. 정부가 역할을 다하지 않아 법이 있지만 없는 상태였던 거예요. 법이 제 역할을 못 하면 가장 큰 피해는 어린이·청소년 노동자, 비정규직 노동자, 장애인 노동자, 이주노동자 등 사회경제적 약자에게 돌아가요.

현재도 「근로기준법」이 있는지조차 모르는 노동자가 있을 거예요. 노동자지만 법에 정한 권리를 제대로 누리지 못하는 사람도 여전히 많고요. 이런 현실을 바꾸려면 노동법을 지켜야 할 사람, 노동법을 잘 지키는지 감독할 책임이 있는 사람이 제 역할을 하는 게 무엇보다 중요해요.

또, 우리 모두에게도 노동법이 잘 지켜지는지 살필 의무가 있어요. 국가 기관에서 역할을 잘하는지 관심을 두고 살피는 시민의 매서운 눈이 필요해요. 일터에서는 노동조합과 노동자 모임이, 시민과 노동자가 모인 노동 인권 단체에서, 노동법을 연구하는 학자와 학생 들이, 이 책을 읽고 실천할 거리를 찾는 여러분의 꾸준한 관심과 감시가 이어질 때 노동법은 살아 있는 법이 될 수 있어요.

36. 권리를 침해당했을 때 누구와 함께하면 좋을까요?

노동법에 정한 권리는 일하는 사람이라면 누구라도 차별 없이 누려야 할 권리예요. 노동법에는 노동자 권리를 보장하기 위해 사장이 반드시 지켜야 할 것, 정부가 해야 할 일, 권리를 침해당했을 때 회복할 수 있도록 돕는 제도 등에 대해 두루 정하고 있어요. 노동법이 잘 지켜지는지 미리미리 살피는 게 중요한 것처럼 권리를 침해당하면 빠르게 회복할 수 있도록 지원하는 것이 중요하기 때문이죠.

권리 회복 절차가 궁금하거나 권리를 침해당했다는 생각이 들면 청소년노동인권센터나 노동상담소 등에 언제든지 연락하고 상담할 수 있어요. 노동상담소는 여성가족부의 청소년근로보호센터, 노동부의 청소년근로권익센터처럼 정부에서 단체에 맡겨 운영하는 곳이 있어요. 광주 청소년노동인권센터처럼 시에서 단체에 맡겨 운영하는 곳도 있고요. 국가인권위원회는 서울을 비롯해 6개 지역사무소에서 직접 상담을 해요. 교육청에도 서울의 학생인권교육센터, 인천의 학교로 찾아가는 노동인권상담실처럼 학생 노동 인권을 상담하고 교육하는 곳이 있어요.

또, 내가 사는 지역을 둘러보면 OO 노동자종합지원센터, OO 노동조합 법률원, OO 노무사 사무소, OO 유니온 등의 이름을 달고 노동 인권 상담을 하는 곳이 많아요. 이용하기에 편한 곳을 찾아가 상담할 수 있어요. 노동 인권 지킴이와 마을노무사 등 지방 자치 단체에서 운영하는 제도, 샤프롱 제도 등 일터에서 운영하는 제도도 하나둘 생기고 있어요.

때에 따라 상담 후 법에 정한 절차에 따라 사건을 접수하고 소송을 진행해야 할 수도 있어요. 상담한 곳에서 지원받을 수 있는 제도를 안내받으면 좋아요. 물론, 임금을 못 받았을 때 직접 OO 노동지청에 찾아가 근로감독관에게 신고할 수 있어요. 법을 어긴 사람이 있으면 경찰서에 가는 것처럼요. 갑자기 일을 그만두라 하거나 노동조합 활동을 하다 권리를 침해당하면 찾아가는 노동위원회도 있고요. 노동위원회는 법원 같은 역할을 해요. 일하다 다치거나 아플 땐 근로복지공단에 산재 신청을, 실업급여 신청은 OO 고용센터에서 할 수 있어요.

법에 정한 신고 절차를 혼자 하기 어려우면 노무사의 도움을 받을 수 있어요. 노무사는 노동법률 전문가예요. 임금을 못 받았을 때, 일터 괴롭힘이나 성희롱 피해를 당했을 때, 회사에서 억울한 징계를 받거나 해고를 당했을 때, 일하다 다쳤을 때, 노동조합을 만들거나 활

동 중 어려움을 겪을 때 등 노동법에 정해진 권리를 침해당했을 때 도움을 받을 수 있어요. 무료로 지원을 받을 수 있는 국선 노무사 제도도 있고요. 지레 포기하지 말고 권리 찾기에 함께할 곳이 주변에 많이 있다는 걸 꼭 기억하면 좋겠어요.

이렇게 수많은 노동법과 제도가 있어도 노동자의 행복한 삶을 가꾸는 데 도움이 되지 않는다면 장식품에 불과할 거예요. 법과 제도를 만든 이유는 함께 사는 우리가 추구해야 할 가치를 지키며, 보편적인 권리를 누리려는 거니까요. 일부만 누리는 특권이 아니라 나이가 어려도, 가난해도, 사회적 지위가 낮아도, 장애인이어도, 학력이나 일하는 형태와 상관없이 기댈 수 있어야 하죠. 일하는 사람 누구에게나 평등하고 차별 없는 법이 되려면 끊임없이 살피고 바꿔야 해요.

그리고 무엇보다 오늘 우리가 누리고 있는 노동법은 포기하지 않고 권리 찾기를 위해 싸우는 사람, 싸워서 바꾸고 지켜 온 사람들 덕분이라는 걸 꼭 기억하면 좋겠어요. 나 역시 그 길에 함께할 수 있다는 것도요.